Xen으로 배우는

가상화 기술의 이해
메모리 가상화

Xen으로 배우는 **가상화 기술의 이해 - 메모리 가상화**

초판발행 2014년 3월 14일

지은이 박은병, 김태훈, 이상철, 문대혁 / **펴낸이** 김태헌
펴낸곳 한빛미디어(주) / **주소** 서울시 마포구 양화로 7길 83 한빛미디어(주) IT출판부
전화 02-325-5544 / **팩스** 02-336-7124
등록 1999년 6월 24일 제10-1779호
ISBN 978-89-6848-631-9 13000 / **정가** 11,900원

책임편집 배용석 / **기획** 김창수 / **편집** 이중민, 이세진
디자인 표지 여동일, 내지 스튜디오 [밈], 조판 박진희
영업 김형진, 김진불, 조유미 / **마케팅** 박상용, 서은옥, 김옥현

이 책에 대한 의견이나 오탈자 및 잘못된 내용에 대한 수정 정보는 한빛미디어(주)의 홈페이지나 아래 이메일로 알려주십시오.
한빛미디어 홈페이지 www.hanbit.co.kr / **이메일** ask@hanbit.co.kr

지금 하지 않으면 할 수 없는 일이 있습니다.
책으로 펴내고 싶은 아이디어나 원고를 메일(ebookwriter@hanbit.co.kr)로 보내주세요.
한빛미디어(주)는 여러분의 소중한 경험과 지식을 기다리고 있습니다.

지은이_ **박은병**

서울대학교에서 석사 학위를 받았으며, 현재 University of Toronto에서 컴퓨터 공학 박사 과정을 공부하고 있다. 석사 과정을 공부하면서 Xen을 이용해 가상화 관련 연구를 진행했다. 시스템 소프트웨어 전반에 관심이 있으며, 현재 기계학습 관련 응용 분야에 흥미를 느껴 공부 중이다.

지은이_ **김태훈**

임베디드, 커널, 가상화, 네트워크, 디바이스 드라이버를 주로 다루는 시스템 프로그래머다. (주)WIZnet 재직 시절에 개발한 W5300 네트워크 드라이버가 리눅스 커널에 포함되었다. 오픈 소스와 해커 문화를 동경하며, 특히 리누스 토발즈가 우상이다. 현재는 DINOS라는 고성능 ARM 아키텍처를 타깃으로 하는 운영체제를 개발 중이다.

지은이_ **이상철**

하드웨어 개발부터 시작해 시스템 소프트웨어 개발로 차츰 업무를 변경해왔다. 주로 임베디드 시스템 프로그램과 디바이스 드라이버를 개발했으며, 리눅스 커널 관련 업무 또한 담당했다. 현재는 알티캐스트에서 보안 관련 모듈을 개발 중이다.

지은이_ **문대혁**

한양대학교를 휴학하고 사이냅소프트에서 문서 처리 관련 프로그램을 개발 중이다. 시스템 소프트웨어를 포함해 컴퓨터 공학과 연관이 있다. 우연히 본 스터디 모집공고를 계기로 뛰어난 개발자들과 함께 Xen을 분석하는 기회를 가지게 되었다.

저자 서문

이 책은 Xen 하이퍼바이저를 통해 가상 머신 모니터를 설명한 책입니다. Iamroot 라는 스터디 그룹을 통해 1년 반 정도 같이 매주 토요일에 오프라인 모임에서 Xen 하이퍼바이저를 공부했고, 다른 저자분들의 뜻을 모아 공부한 내용을 정리하자는 의도에서 기획했습니다. 저자분들 모두 글 쓰는 데 익숙하지 않은 관계로 아는 지식을 글로 풀어내기가 쉽지 않았지만, 많은 퇴고를 거쳐 마침내 출판하기에 이르게 되었습니다. 이 책이 출판으로 이어지기까지 고생해주신 저자 분들과 한빛미디어 관계자분께 다시 한번 감사의 말씀을 드립니다.

이 책은 기본적인 가상 머신 모니터의 원리부터 Xen 하이퍼바이저의 소스 코드까지 설명해, 초보자부터 실제 Xen 하이퍼바이저를 사용하거나 개발하시는 분 모두에게 유용한 내용으로 구성했습니다. 운영체제와 컴퓨터 아키텍처에 대한 기본 지식만 있으면 읽을 수 있게 쓰였으나, 리눅스 커널에 대한 사전 지식이 있으면 이해하기 더욱 쉬울 것으로 생각합니다. CPU 가상화, 메모리 가상화, I/O 가상화 이렇게 크게 3가지 파트로 나누어서 설명했고, 이 책의 주제인 메모리 가상화는 시리즈 두 번째 책입니다. Xen 하이퍼바이저에 관심이 많다면 앞으로 출간될 책을 순서대로 읽기를 권장합니다. 전체적인 구조는 각 파트의 앞부분에 기본적인 개념을 설명하고, 뒤의 소스 코드 분석 부분에서 어떻게 실제로 구현되어 있는가를 소스 라인별로 상세히 설명했습니다. 또한 Xen 하이퍼바이저는 리눅스 커널과 매우 밀접한 관련이 있으므로, 필요한 부분에는 리눅스 커널의 소스 코드도 추가로 설명했는데, 모든 소스 코드를 분석하고 책에 담을 수 없었기에 저자가 생각하는 중요한 부분의 소스 코드를 담았습니다. 따라서 앞부분 개념을 먼저 이해하고, 실제 소스 코드를 내려받아 책의 설명과 함께 책에 빠진 부분이나 궁금한 부분의 소스 코드를 직접 찾아가면서 공부할 것을 권장합니다.

사실 책으로 출판하기에 매우 부끄럽습니다. 하지만 가상 머신 모니터를 쉽게 한글로 설명한 책이 많지 않고, 가상 머신 모니터 공부를 시작하시는 분의 수고를 조금이나마 덜어드리고자 하는 마음에 부끄러움을 무릅쓰고 출판하기로 했습니다. 너그러운 자세로 읽어주시고, 수정이나 보완 사항이 필요하다면 추후에 반영토록 하겠습니다.

집필을 마치며
저자 일동

대상 독자 및 도서 구성

| 초급 | 초중급 | 중급 | **중고급** | 고급 |

이 책은 점차 활용 분야가 늘어나는 가상화 기술의 이해를 돕기 위해 Xen을 예로 들어 가상화 기술을 설명합니다. 이 책을 통해 가상화 기술의 개념과 Xen의 동작 방식을 이해하는 데 조금이나마 도움이 되기를 바랍니다. 'Xen으로 배우는 가상화 기술의 이해' 시리즈는 가상화 기술을 다음 세 가지 파트로 나눠 설명합니다.

CPU 가상화

Xen에서 전통적으로 사용하는 반가상화 기법과 하드웨어 지원 가상화 기술을 활용하는 전가상화 기법을 다룹니다. 가상 CPU가 실제 CPU를 어떻게 나눠서 사용하는지 가상 머신 스케줄링에서 살펴봅니다.

메모리 가상화

Xen에서 동작하는 가상 머신의 메모리 접근 방식을 설명합니다. 가상화 환경에서 가상 주소를 물리 주소 변환하는 대표적인 두 가지 방식인 섀도 페이징과 CPU에서 지원하는 HAP^Hardware Assisted Paging이 어떻게 이루어지는지 설명합니다.

I/O 가상화

가상 머신이 동작할 때 필요한 입·출력 장치에 접근하는 방법을 다룹니다. Xen에서 반가상화 입·출력 방식과 전가상화 입·출력 방식에는 많은 차이가 있습니다. 따라서 반가상화 입·출력 방식과 전가상화 입·출력 방식을 나눠서 설명합니다.

예제 테스트 환경

사용 프로그램	버전
리눅스 커널	3.6
Xen 하이퍼바이저	4.1.2

● 리눅스 커널 코드 참고 사이트

  : http://goo.gl/jmbPA

● 리눅스 커널 코드 다운로드

  : ftp://kernel.org/pub/linux/kernel/v3.x/linux-3.6.tar.gz

● Xen 코드 참고 사이트

  : http://goo.gl/PwfEA

● Xen 소스 코드 다운로드

  : http://bits.xensource.com/oss-xen/release/4.1.2/xen-4.1.2.tar.gz

한빛 eBook 리얼타임

한빛 eBook 리얼타임은 IT 개발자를 위한 eBook 입니다.

요즘 IT 업계에는 하루가 멀다 하고 수많은 기술이 나타나고 사라져 갑니다. 인터넷을 아무리 뒤져도 조금이나마 정리된 정보를 찾는 것도 쉽지 않습니다. 또한 잘 정리되어 책으로 나오기까지는 오랜 시간이 걸립니다. 어떻게 하면 조금이라도 더 유용한 정보를 빠르게 얻을 수 있을까요? 어떻게 하면 남보다 조금 더 빨리 경험하고 습득한 지식을 공유하고 발전시켜 나갈 수 있을까요? 세상에는 수많은 종이책이 있습니다. 그리고 그 종이책을 그대로 옮긴 전자책도 많습니다. 전자책에는 전자책에 적합한 콘텐츠와 전자책의 특성을 살린 형식이 있다고 생각합니다.

한빛이 지금 생각하고 추구하는, 개발자를 위한 리얼타임 전자책은 이렇습니다.

1. eBook Only - 빠르게 변화하는 IT 기술에 대해 핵심적인 정보를 신속하게 제공합니다.

   500페이지 가까운 분량의 잘 정리된 도서(종이책)가 아니라, 핵심적인 내용을 빠르게 전달하기 위해 조금은 거칠지만 100페이지 내외의 전자책 전용으로 개발한 서비스입니다. 독자에게는 새로운 정보를 빨리 얻을 수 있는 기회가 되고, 자신이 먼저 경험한 지식과 정보를 책으로 펴내고 싶지만 너무 바빠서 엄두를 못 내시는 선배, 전문가, 고수분에게는 보다 쉽게 집필하실 기회가 되리라 생각합니다. 또한 새로운 정보와 지식을 빠르게 전달하기 위해 O'Reilly의 전자책 번역 서비스도 하고 있습니다.

2. 무료로 업데이트되는, 전자책 전용 서비스입니다.

   종이책으로는 기술의 변화 속도를 따라잡기가 쉽지 않습니다. 책이 일정한 분량 이상으로 집필되고 정리되어 나오는 동안 기술은 이미 변해 있습니다. 전자책으로 출간된 이후에도 버전 업을 통해 중요한 기술적 변화가 있거나, 저자(역자)와 독자가 소통하면서 보완되고 발전된 노하우가 정리되면 구매하신 분께 무료로 업데이트해 드립니다.

3. 독자의 편의를 위하여, DRM-Free로 제공합니다.

구매한 전자책을 다양한 IT기기에서 자유롭게 활용하실 수 있도록 DRM-Free PDF 포맷으로 제공합니다. 이는 독자 여러분과 한빛이 생각하고 추구하는 전자책을 만들어 나가기 위해, 독자 여러분이 언제 어디서 어떤 기기를 사용하시더라도 편리하게 전자책을 보실 수 있도록 하기 위함입니다.

4. 전자책 환경을 고려한 최적의 형태와 디자인에 담고자 노력했습니다.

종이책을 그대로 옮겨 놓아 가독성이 떨어지고 읽기 힘든 전자책이 아니라, 전자책의 환경에 가능한 최적화하여 쾌적한 경험을 드리고자 합니다. 링크 등의 기능을 적극적으로 이용할 수 있음은 물론이고 글자 크기나 행간, 여백 등을 전자책에 가장 최적화된 형태로 새롭게 디자인하였습니다.

앞으로도 독자 여러분의 충고에 귀 기울이며 지속해서 발전시켜 나가도록 하겠습니다.

차례

1 | 가상 머신 모니터는 무엇인가?

Xen 내부 동작을 알아보기 전에는 가상 머신 모니터 혹은 하이퍼바이저[01]Hypervisor 에 대한 개념과 메모리 가상화에 대한 전반적인 내용을 알아야 한다. 1장과 2장은 메모리 가상화 전체를 그려볼 기회이므로 반드시 이해하자.

가상 머신 모니터Virtual Machine Monitor란 글자 그대로 가상 머신을 모니터링하는 소프트웨어 계층을 의미한다. 물론 단순히 모니터링만 하는 것이 아니라 하드웨어 자원 관리, 가상 머신 스케줄링 등 가상 머신을 동작시키는 데 필요한 모든 작업을 담당한다.

그림 1-1 가상 머신 모니터(출처: www.vmware.com)

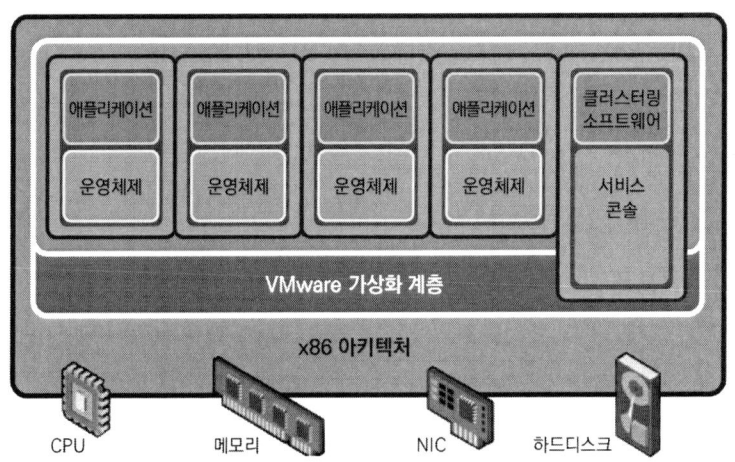

여기서 말하는 가상 머신이란 실제 머신은 아니지만 마치 물리 머신이 있는 것 같은 환경을 사용자에게 제공하는 가상화한 머신 환경을 의미한다.[02] 좀 더 쉽게 설명하면 하나의 컴퓨터에 여러 개의 운영체제를 동시에 구동할 수 있게 하는 소프트웨어라고 할 수 있다. 즉, 하나의 컴퓨터에서 가상 머신 모니터는 다수의 가상 머신을 사용자에게 제공하고, 사용자는 하나의 물리 머신 위에 다수의 가상 머신을 가질 수 있게 된다.

1.1 왜 가상화인가?

최근 들어 이곳저곳에서 가상화에 대한 논의가 뜨겁다. 실제로 가상화 기술은 이미 성숙기에 이르렀으며, 많은 기업에서 도입했거나 도입을 고려하는 상황이다. 사실 가상화 기술은 최신 기술이 아니라 1960년대 IBM의 메인프레임에서 처음 구현되었다. 하지만 당시에는 큰 이목을 끌지 못하다가 최근 10여 년 전부터 하드웨어의 발전과 함께 재조명받기 시작했다.

처음 가상화 기술이 재조명받기 시작했을 때, 기업의 가상화 기술 도입 동기는 바로 서버 통합Server Consolidation이었다. 이는 물리 서버 머신 하나가 다수의 CPU와 대량의 메모리를 갖출 수 있게 되면서 많은 자원이 유휴 상태로 남는 경우가 많아, 이렇게 유휴한 상태의 서버를 머신 하나로 통합 관리하자는 요구가 생겼다는 뜻이다. 이때 가상화 기술을 이용하면 물리 서버 하나를 가상 머신 하나로 대체하고, 이 가상 머신 여러 대를 강력한 성능을 가진 물리 머신 하나에서 동작시켜 시스템 자원의 효율성을 극대화할 수 있다.

서버 통합과 더불어 가상화 기술이 가진 또 하나의 장점은 가상 머신의 격리Isolation 다. 사실 서버 통합을 하는데 가상화 기술이 반드시 필요한 것은 아니다. 예를 들어

---

02 JVM(Java Virtual Machine)과 같은 가상 머신을 떠올리는 독자도 있을 것이다. 이 책에서는 JVM과 같이 프로세스 레벨의 가상화가 아닌 시스템 레벨의 가상 머신에 대해 다룬다.

1장 가상 머신 모니터는 무엇인가?

웹 서버, 데이터베이스 서버, DNS 서버 등 여러 서버를 하나의 머신 위에 동작시켜도 된다. 하지만 운영체제 위에서 여러 개의 서버 프로세스가 동작하게 되므로 서버 프로세스 사이에 많은 영향을 미친다는 치명적인 문제점이 있다.

또 다른 예로 자신이 홈페이지 하나를 운영하고 있고, 호스팅 업체에 웹 호스팅을 요청했다고 가정하자. 홈페이지가 다른 고객과 서버를 함께 사용해서 성능에 영향을 미친다면 당신은 해당 업체에 호스팅을 의뢰하고 싶지 않을 것이다. 가상화는 각 고객에게 독립된 가상 머신 하나를 제공하며, 가상 머신 사이에서 완벽하게 격리된 환경을 보장해 주므로 고객 각각의 요구사항을 만족시킬 수 있다.[03]

또 다른 장점은 관리의 용이성이다. 가상화되지 않은 환경에서 서버를 점검하거나 업그레이드한다면, 동작 중인 서버의 전원을 끄고 점검 및 업그레이드를 한 뒤 다시 서버 전원을 켜야 한다. 하지만 가상화된 환경에서는 단순히 가상 머신을 다른 물리 서버 머신으로 이주하고 해당 물리 서버를 점검하면 되므로, 서비스 중단없이 원하는 작업을 마무리할 수 있다.

이처럼 처음에는 서버 통합과 관련한 기업 요구 때문에 재조명을 받았던 가상화 기술이지만, 최근에는 클라우드 컴퓨팅이라는 거부할 수 없는 흐름에 맞춰 가상화 기술이 탄생한 이래로 가장 큰 호황을 누리고 있다. IaaS^{Infrastructure as a Service}라는 클라우드 서비스로 분류하는 아마존 EC2^{Elastic Compute Cloud}는 바로 지금 설명하는 가상화 기술을 기반으로 구축되어 사용자는 웹 사이트에서 단순한 클릭 몇 번만으로 수 분 안에 서버에 생성한 가상 머신을 사용할 수 있다.

이 외에도 다양한 클라우드 서비스들이 가상화 환경 아래에서 서비스되는 추세며, 앞으로도 수많은 서비스와 애플리케이션이 등장할 것이다.

---

03 물론 운영체제 스스로 프로세스 사이의 간섭을 줄이는 방법들이 있다. 하지만 가상 머신만큼 완벽히 격리된 환경을 제공하지 못한다.

1.2 하이퍼바이저 종류

그림 1-2 Type 1과 Type 2 하이퍼바이저

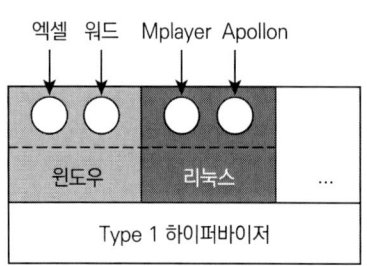
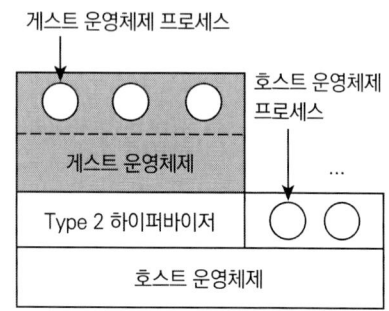

가상 머신 모니터는 시스템 위치에 따라 크게 Type 1[native or bare-metal]과 Type 2[hosted]로 분류한다. Type 1 하이퍼바이저는 하드웨어 바로 위의 소프트웨어 계층으로 존재하며 그 위에 다양한 게스트 운영체제가 동작하는 방식이다. Xen이나 VMware의 서버용 하이퍼바이저 제품군 등이 여기에 해당한다. Type 1은 하드웨어 전원이 들어오면 가장 먼저 하이퍼바이저가 부팅을 시작하게 하고, 부팅을 완료하면 관리자가 가상 머신을 생성해서 여러 개의 가상 머신이 동작한다.

Type 2는 이와 조금 다르게 호스트 운영체제가 존재하고, 그 위에서 하이퍼바이저가 동작하며, 다시 그 위에 게스트 운영체제가 동작한다. 버추얼박스[VirtualBox]나 KVM, 그리고 VMware의 데스크톱을 위한 제품군인 워크스테이션[workstation] 계열이 여기에 속한다. 동작 방식도 조금 다른데 우선 호스트 운영체제를 가장 먼저 부팅해 실행하고, 그 위에서 사용자가 하이퍼바이저를 실행시킨다. 그런 다음 실행된 하이퍼바이저가 여러 개의 가상 머신을 생성하고 동작하게 한다.

어떤 종류의 하이퍼바이저가 좀 더 좋고 효율적인지는 여러 가지 이견들이 있으니 관심 있는 독자는 개별적으로 찾아보기 바란다.

이미 언급한 바와 같이 Xen 하이퍼바이저는 Type 1에 해당하며 다른 여러 하이퍼바이저와 비교해 완성도가 매우 높고 성능도 뛰어나다고 알려졌다. 또한 아마존 웹 서비스Amazon Web Service에서 Xen을 기본 하이퍼바이저로 채택해 사용하는 만큼, 안정성도 이미 검증되었다고 볼 수 있다.

2 | 메모리 가상화

2장에서는 메모리 가상화의 개념을 알아본다. 여기서 말하는 메모리 가상화란 가상 메모리Virtual Memory를 가상화한다는 말과 같다. 현대 운영체제의 대부분은 가상 메모리를 사용한다. 따라서 메모리 가상화를 이해하려면 가상 메모리의 개념을 반드시 깊게 이해해 두어야 한다.

물론 특정 목적을 위한 RTOSReal Time Operating System는 가상 메모리를 사용하지 않을 때도 있다. 하지만 우리가 염두에 두는 운영체제는 윈도우, 리눅스, 유닉스와 같은 가상화 환경에 많이 사용하는 범용 운영체제General Purpose Operating System를 대상으로 한다는 점을 기억하자. 가상 메모리를 가상화한다는 말이 무슨 말인지 의아해하는 독자도 있을 텐데 지금부터 차근차근히 공부해 보도록 하자.

2.1 가상 메모리

가상 메모리란 용어 그대로 메모리를 가상화하는 방법이다. 가상 메모리가 등장한 가장 큰 배경은 물리 메모리Physical Memory가 너무 작았기 때문이었으므로, 마치 메모리가 더 많은 것처럼 보여주려고 사용했다. 그러나 요즘은 물리 메모리의 가격이 굉장히 저렴하고 수십 GB까지 장착할 수 있게 되면서, 메모리 부족 현상 때문에 가상 메모리를 사용한다는 말은 이제 옛이야기가 되어버렸다.

그렇지만 가상 메모리를 사용하는 이유에는 독립 주소 공간, 요구 페이징Demand Paging과 같은 다른 중요한 이유가 있으며, 이에 대한 자세한 설명은 이 책의 범위를 벗어나므로 생략했다.

그림 2-1 가상 메모리

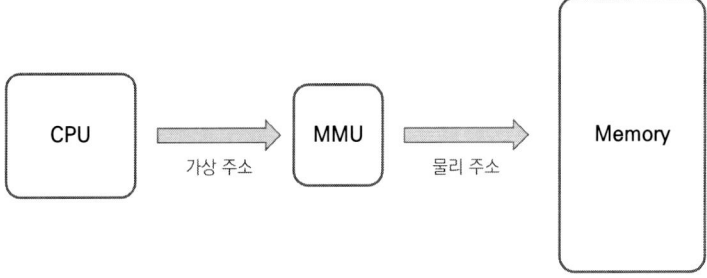

그림 2-1은 가장 기본적인 가상 메모리 구조다. 그림을 살펴보면 가상 메모리를 구현한다는 것은 결국 메모리 주소를 속이는 것으로 볼 수 있다.

CPU가 내보내는 메모리 주소, 즉 운영체제나 애플리케이션이 사용하는 주소는 실제 메모리의 물리 주소Physical Address가 아닌 가상 주소Virtual Address다. 따라서 가상 메모리를 구현하려는 CPU 제조 업체는 저마다 하드웨어 관점에서 가상 주소를 물리 주소로 변환하는 MMUMemory Management Unit라는 것을 제공한다.

가상 주소와 물리 주소와의 매핑을 결정하는 것은 페이지 테이블Page Table이다. 운영체제는 가상 주소와 물리 주소 사이의 매핑 정보를 페이지 테이블에 기록한다. 그런 다음 CPU의 페이지 테이블 베이스 레지스터Page Table Base Register가 페이지 테이블에 기록한 메모리 주소를 등록하면, MMU는 페이지 테이블을 검색해 CPU가 내보내는 가상 주소의 실제 물리 주소를 찾아내 변환하고, 변환한 주소를 통해 메모리에 접근한다. 즉, 페이지 테이블은 가상 주소와 물리 주소 사이의 변환 테이블이다.

그림 2-2 페이지 테이블 구조

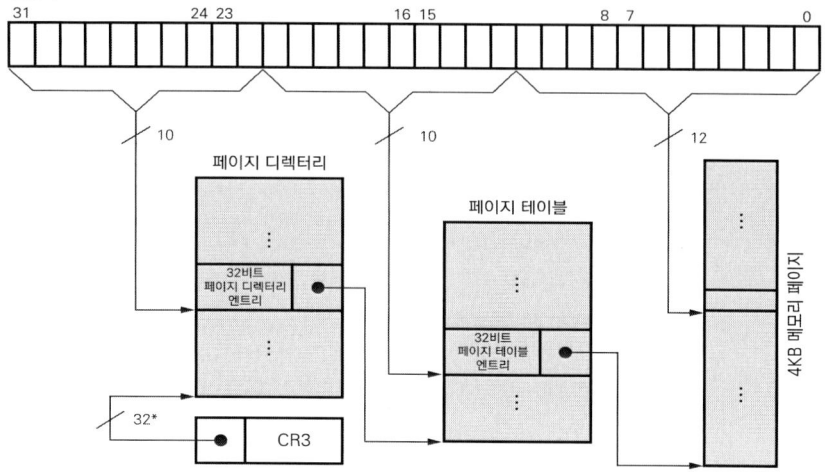

그림 2-2는 x86 아키텍처 32비트 모드의 기본적인 페이지 테이블 구조다. CPU는 32비트 주소를 사용하고, 페이지 디렉터리의 시작 주소는 CR3 레지스터에 저장되어 있다. 그리고 32비트 메모리 주소 중 31~22비트까지의 10비트는 페이지 디렉터리의 인덱스로 사용하고, 해당 인덱스가 가리키는 페이지 디렉터리의 엔트리는 페이지 테이블의 시작 주소를 나타낸다.

마찬가지로 32비트 메모리 주소 중 21~12비트까지는 페이지 테이블의 인덱스로 사용하고, 해당 인덱스가 가리키는 페이지 테이블의 엔트리는 실제 물리 메모리 한 페이지의 시작 주소가 된다. 또한 10비트의 인덱스로 2^{10}인 1,024개의 엔트리를 나타낼 수 있고, 32비트 머신에서 엔트리 하나는 4바이트를 차지하므로 페이지 디렉터리나 페이지 테이블 하나는 각 4KB의 페이지 크기만큼 메모리 공간을 차지하게 된다. 마지막으로 남은 11~0비트까지의 12비트는 4KB 페이지 안의 오프셋을 나타내고, 찾고자 하는 최종 물리 주소가 된다.[01] 12비트로 나타낼 수 있는 주소 범위는 2^{12}인 4KB가 되므로 4KB로 페이지 안의 모든 주소를 가리킬 수 있다.

이렇게 복잡한 다단계 구조로 페이지 테이블을 구성한 까닭은 MMU 구현의 효율성과 페이지 테이블의 크기와 관련 있다. 페이지 테이블 하나를 구성한다면, 1개의 페이지 크기가 4KB인 페이지 테이블은, $2^{32}/2^{12}$인 1,048,576개의 엔트리가 필요하다. 즉, 엔트리 하나의 크기는 4바이트이므로 총 4MB의 공간이 필요하다. 페이지 테이블은 프로세스마다 독립적으로 하나씩 존재하므로 모든 프로세스에 이렇게 4MB의 배열을 메모리에 할당하는 일은 매우 비효율적인 방식이다. 또한 모든 프로세스는 4GB의 주소 공간 중 극히 일부분만을 사용하므로 주소 공간이 필요한 부분만 페이지 테이블을 만들어 할당할 수 있는 다단계 방식을 취했다.

그림 2-3 Translation Lookaside Buffer

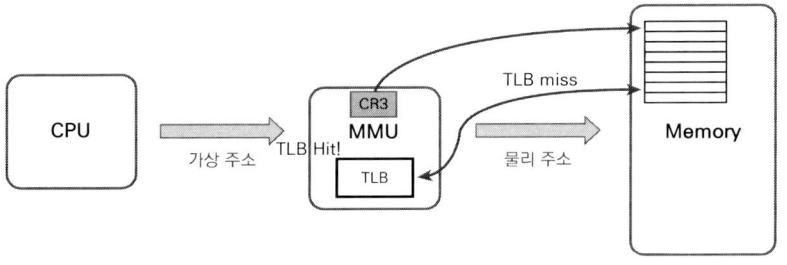

CPU 안의 레지스터 혹은 캐시 메모리 접근과 메모리 접근 속도의 차이는 엄청나게 크다. 따라서 매번 가상 주소를 물리 주소로 변환하려고 메모리의 페이지 테이블에 접근하는 일은 시스템 성능을 상당히 저하시킨다. 또한 운영체제나 애플리케이션이 특정 순간 접근하는 메모리 주소는 일정 범위로 한정된 경우가 많으므로, 한 번 변환했던 주소는 캐시 메모리에 저장했다가 다음번에 같은 주소 변환 요청

---

01 페이지 테이블을 구성하는 메모리 주소의 비트 구조는 아키텍처와 페이지 모드마다 다르다.

이 일어나면 메모리에 접근하지 않고 캐시 메모리에 저장한 주소를 가져다가 사용한다. 이것을 TLB^{Translation Lookaside Buffer}, 변환 색인 버퍼라고 부르며, 실제 메모리 주소 변환은 TLB를 통해서 이루어진다. 그림 2-3은 기본 페이지 테이블 구조에 TLB가 추가된 그림이다. TLB에 CPU가 요청한 가상 주소에 대한 엔트리가 이미 있다면 TLB에 있는 엔트리를 그대로 사용하고, 그렇지 않다면 메모리에 접근해 페이지 테이블 엔트리를 가져와서 TLB에 저장한 후, 해당 엔트리를 가져와서 사용한다.

2.2 가상화 환경의 메모리 주소 체계

비가상화 환경에서 물리 주소와 가상 주소라는 두 단계 주소 체계를 가진다면, 가상화 환경에서는 한 단계가 더 추가된다. 가상 주소, 물리 주소, 머신 주소^{Machine Address}라는 세 단계로 부르거나 가상 주소, 가상 물리 주소^{Virtual Physical Address}, 물리 주소의 세 단계로 부르기도 한다.

그림 2-4 가상 머신 메모리 주소 체계

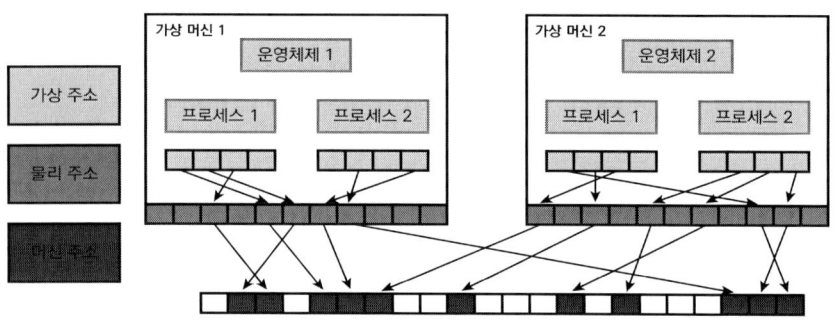

가상 머신에서 동작하는 게스트 운영체제는 가상화 환경에서 동작한다는 사실을 모른다. 그리고 가상 머신은 가상화되지 않은 환경에서 동작할 때와 마찬가지로 가상 주소와 물리 주소를 그대로 사용한다. 하지만 가상 머신이 아는 물리 주소는 실제 물리 주소가 아니며, 하이퍼바이저의 중재 아래 실제 물리 주소로 변환해서 사용해야 한다. 그림 2-4는 가상 머신 두 개가 동작한다. 운영체제 내부의 각 프로세스는 각각의 가상 주소 공간을 사용하며 운영체제가 관리하는 페이지 테이블에 의해 물리 주소로 변환된다. 하지만 운영체제가 생각하는 물리 주소는 실제 물리 주소가 아니며, 하이퍼바이저가 중재한 실제 메모리에 접근할 수 있는 머신 주소로 변환된다.

아직 이해하지 못할 수 있는 독자를 위해 반대로 가상 머신이 사용하는 물리 주소를 그대로 사용한다고 생각해보자. 기본적으로 운영체제는 할당된 메모리가 0번지부터 시작한다고 생각해 동작한다. 그러면 모든 가상 머신은 너도나도 0번지부터 시작하는 메모리를 사용할 것이고, 모두 같은 영역의 메모리를 사용하므로 충돌이 일어나서 정상적으로 동작할 수 없을 것이다. 따라서 하이퍼바이저의 적절한 중재가 있어야 한다. 예를 들어 512MB의 메모리를 가진 가상 머신 두 개를 동작시킨다고 하면, 첫 번째 가상 머신에는 실제 메모리의 0MB~512MB 영역을 할당하고, 두 번째 가상 머신에는 513MB~1,024MB 영역을 할당한다. 그리고 하이퍼바이저는 두 번째 가상 머신의 물리 주소 0번지를 실제 물리 주소, 즉 머신 주소 513MB 영역의 번지로 변환해야 한다.

2.3 섀도 페이지 테이블

가상화 환경의 메모리 주소 체계에서는 게스트 운영체제가 생각하는 물리 주소를 실제 머신 주소로 변환해서 사용해야 하는데, 어떻게 이러한 일이 가능한지 알아보자. 일반적으로 하이퍼바이저에서는 섀도 페이지 테이블Shadow Page Table이라는 가상의 페이지 테이블을 사용한다. 운영체제가 사용하는 페이지 테이블이 가상 주소에서 물리 주소로 변환하는 정보를 저장한다면, 섀도 페이지 테이블은 가상 주소에서 머신 주소로 변환하는 정보를 저장하는 페이지 테이블이다. 하이퍼바이저는 머신 주소 정보를 가지므로, 섀도 페이지 테이블을 구축하고 페이지 테이블 베이스 레지스터에 섀도 페이지 테이블의 시작 주소를 등록한다. 그러면 MMU가 참조하는 페이지 테이블은 섀도 페이지 테이블이 되고, CPU가 생성하는 가상 주소를 머신 주소로 변경해 사용할 것이다.

그림 2-5 섀도 페이지 테이블

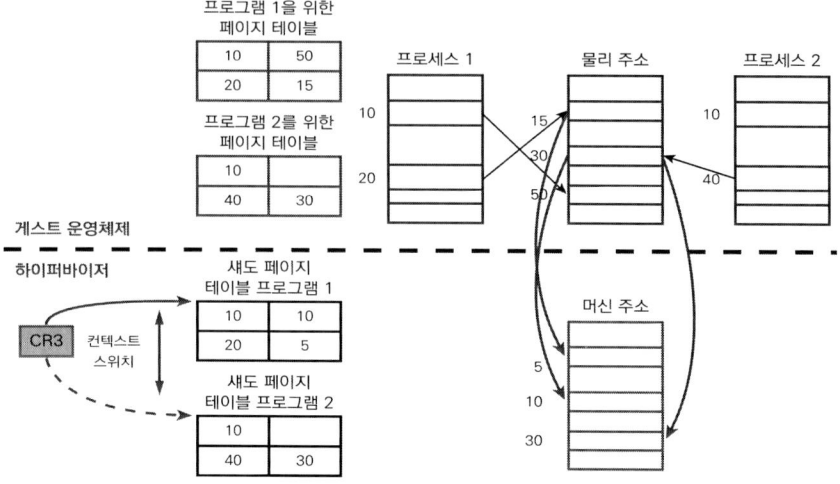

그림 2-5를 살펴보면, 현재 가상 머신 하나가 동작 중이고, 그 위에 프로세스 두 개가 동작한다. 그리고 운영체제는 프로세스마다 페이지 테이블을 운영한다. 또한 하이퍼바이저는 각 프로세스에 해당하는 섀도 페이지 테이블을 유지하며, 페이지 테이블 베이스 레지스터인 CR3는 섀도 페이지 테이블을 가리킨다.

현재 프로세스 1의 가상 주소 10에 해당하는 물리 주소는 50이다. 따라서 게스트 운영체제가 관리하는 페이지 테이블에는 가상 주소 10의 엔트리에 50이라고 쓰여 있다. 하지만 실제 물리 주소 50은 머신 주소 10에 매핑되었고, 프로세스 1의 가상 주소 10에 해당하는 섀도 페이지 테이블 엔트리에는 10이라고 쓰여있다. 페이지 테이블 베이스 레지스터는 섀도 페이지 테이블을 가리키므로, MMU는 가상 주소 10을 머신 주소 10으로 변환할 것이다.

또한 현재 프로세스 1이 동작하므로 페이지 테이블 베이스 레지스터는 섀도 페이지 테이블 1을 가리킨다. 그런데 여기서 게스트 운영체제가 프로세스 2로 컨텍스트 스위치Context Switch한다면 어떻게 될까? 게스트 운영체제는 컨텍스트 스위치할 때, 페이지 테이블 베이스 레지스터에 프로세스 2의 페이지 테이블을 가리키도록 수정한다.

하이퍼바이저는 페이지 테이블 베이스 레지스터를 변경하는 것을 감지[02]할 수 있으므로, 제어권을 넘겨받아 게스트 운영체제 프로세스 2의 페이지 테이블 주소가 아닌, 프로세스 2의 섀도 페이지 테이블을 페이지 테이블 베이스 레지스터에 설정한다. 즉, 위 과정을 반복하면 하이퍼바이저는 게스트 운영체제 모르게 적절히 섀도 페이지 테이블을 사용해 시스템 전체의 메모리 가상화를 구현할 수 있다.

섀도 페이지 테이블의 더 자세한 내용은 6장에서 자세히 살펴보겠다. 6장에는 하이퍼바이저가 섀도 페이지 테이블을 구축하는 방법, 게스트 운영체제의 페이지 테이블과 동기화하는 방법, 좀 더 효율적인 알고리즘 등 재미있는 주제들이 많으므로 Xen 소스 코드 분석과 함께 좀 더 깊이 있게 다루도록 하겠다.

2.4 직접 페이지 테이블 접근

섀도 페이지 테이블은 메모리 가상화에 아주 적합해 보이는 방법이지만 어쩔 수 없이 오버헤드를 가진다. 예를 들면 게스트 운영체제 모든 프로세스의 페이지 테이블을 중복해서 가지며, 항상 게스트 운영체제의 페이지 테이블과 동기화해야 하는 등 성능 저하를 발생시키는 많은 요인이 있다.

그런데 반가상화 기법을 사용하면 게스트 운영체제의 소스 코드를 수정할 수 있으므로 섀도 페이지 테이블을 사용하지 않고도 메모리 가상화를 할 수 있다. Xen에

---

02 앞서 설명한 바이너리 변환 방법이나 하이퍼 콜, 혹은 Vt-x 같은 하드웨어 지원을 받아서 해당 명령을 실행할
    때는 하이퍼바이저에게 제어권을 넘겨준다.

서는 게스트 운영체제를 수정해 게스트 운영체제가 직접 페이지 테이블을 올바르게 수정하도록 변경할 수 있다. 또한 하이퍼 콜로 하이퍼바이저가 페이지 테이블을 수정하도록 요청할 수도 있고, 뒤에 설명하겠지만 직접 페이지 테이블을 수정한 뒤 페이지 테이블이 올바르게 수정되었는지를 하이퍼바이저가 나중에 확인하도록 할 수도 있다.

그림 2-6 직접 페이지 테이블 접근

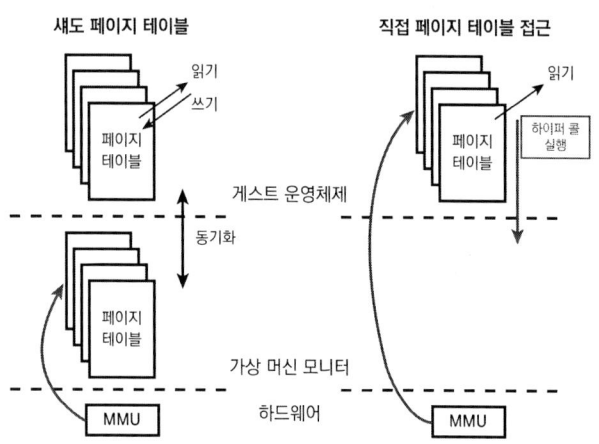

그림 2-6의 왼쪽은 섀도 페이지 테이블을 보여주며, 오른쪽은 직접 페이지 테이블 접근 방식을 보여준다. 섀도 페이지 테이블은 앞서 설명했듯이 MMU가 게스트 운영체제의 페이지 테이블을 참조하는 것이 아니라 하이퍼바이저가 유지하는 섀도 페이지 테이블을 참조한다. 그러나 직접 페이지 테이블 접근 방식에서는 MMU가 직접 게스트 운영체제의 페이지 테이블을 참조한다.

그렇다면 가상 주소와 머신 주소 사이의 주소 변환을 어떻게 반영하는 것일까? 답은 간단하다. 게스트 운영체제는 물리 주소와 머신 주소 사이의 매핑 정보를 가진다는 점이다. 따라서 직접 페이지 테이블에 주소를 저장할 때, 물리 주소가 아닌 머신 주소를 저장한다. Xen의 경우에는 하이퍼 콜을 통해서 하이퍼바이저에 페이지 테이블 수정을 요청한다. 그러면 하이퍼바이저는 유효한 요청인지 검사한 후 요청을 수락하게 된다.

이렇게 게스트 운영체제의 페이지 테이블은 가상 주소와 물리 주소 사이의 변환 테이블이 아니라 가상 주소와 머신 주소 사이의 변환 테이블을 가진다. 따라서 MMU가 직접 게스트 운영체제의 페이지 테이블을 참조해도 정상적으로 동작하는 것이다. 이는 직접 소스 코드를 수정해야 하는 번거로움이 있다. 하지만 섀도 페이지 테이블과 같이 중복해서 페이지 테이블을 유지할 필요가 없기 때문에 성능상의 이점을 얻을 수 있다.

지금까지 메모리 가상화를 위한 소프트웨어적 솔루션 두 가지를 가볍게 살펴보았다. 두 방법 모두 좋은 접근 방식이기는 하나, 여전히 성능상의 문제점이 있다. 많은 수의 페이지 폴트[03]를 일으키고, 게스트 운영체제와 하이퍼바이저 사이의 컨텍스트 스위치가 자주 발생하게 되므로 이에 따른 성능 저하도 무시할 수 없기 때문이다. 따라서 이런 점을 극복하고자 하드웨어적 접근 방식이 나타나게 되었다.

2.5 중첩 페이지 테이블

중첩 페이지 테이블은 AMD가 관련 기능을 먼저 지원하기 시작했고, 인텔도 이에 발맞춰 관련 기능을 추가하기 시작했다. AMD는 중첩 페이지 테이블Nested Page Table, 인텔은 확장 페이지 테이블Extended Page Table이라고 부르는데, 명칭과 세부 기능만 조금 다를 뿐 하는 일은 거의 같다. 기존의 가상 메모리가 가상 주소에서 물리 주소로 변환하는 기능을 하드웨어적으로 구현한 것이라면, 중첩 페이지 테이블은 물리 주소에서 머신 주소로 변환하는 기능을 하드웨어적으로 구현한 것이다.

---

03 가상 메모리에서 필요한 페이지가 메모리에 상주 하지 않는 상태를 말한다.

그림 2-7 중첩 페이지 테이블

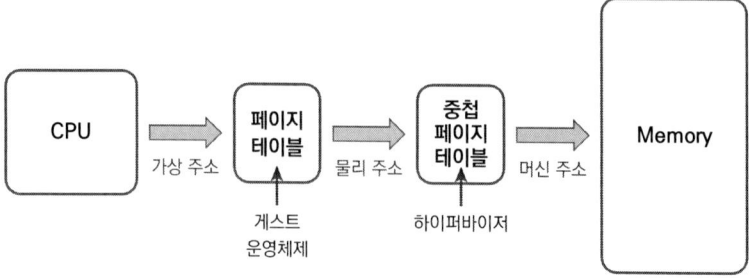

즉, CPU가 내보내는 가상 주소는 게스트 운영체제가 구축한 페이지 테이블을 통해서 물리 주소로 변경하고, 변경한 물리 주소는 다시 하이퍼바이저가 구축한 중첩 페이지 테이블을 통해서 머신 주소로 변경해 메모리에 접근한다. 이렇게 되면 게스트 운영체제는 페이지 테이블을 구축할 때 섀도 페이지 테이블이나 직접 접근 방식에서 발생하던 페이지 폴트 같은 부가적인 오버헤드 없이 페이지 테이블을 구축할 수 있다. 즉, 하이퍼바이저가 게스트 운영체제를 생성할 때 할당해준 메모리의 머신 주소 정보만 중첩 페이지 테이블에 적어주면 쉽게 메모리 가상화를 할 수 있다.

또한 섀도 페이지 테이블은 모든 게스트 운영체제의 프로세스에 페이지 테이블을 중복해서 유지해야 하지만, 중첩 페이지 테이블은 가상 머신 당 중첩 페이지 테이블 하나만 있으면 되므로 메모리 공간의 활용 효율성 측면에서도 매우 뛰어나다.

3 | 메모리 보호

메모리 가상화를 본격적으로 다루기 전에 먼저 하이퍼바이저와 운영체제, 애플리케이션 사이의 메모리 보호^{Memory Protection} 메커니즘을 알아보도록 하겠다. 또한 가상화 환경에서의 메모리 보호를 살펴보기 전에 기존 운영체제, 특히 x86 아키텍처에 기반을 둔 리눅스 운영체제의 메모리 보호 방법을 알아보고, 이와 더불어 Xen이 메모리 보호를 실행하는 방법도 알아보자.

3.1 세그먼테이션

메모리 보호를 위해 x86 아키텍처에서 제공하는 기능은 세그먼테이션^{Segmentation}과 페이징 기법이 있다. 익숙한 독자들도 있겠지만 그렇지 않은 독자를 위해 메모리 보호에서 꼭 필요한 개념만 간단히 설명하겠다. 우선 세그먼테이션을 알아보자.

세그먼테이션은 문자 그대로 메모리를 조각으로 나누는 방법이다. 전체 메모리를 일정 구역별로 나누어 운영체제가 용도에 맞게 사용하도록 한다. 예를 들어 메모리 일부 영역을 코드 영역으로 설정하고, 다른 일부 영역을 데이터 영역으로 설정할 수 있다. 그러면 프로세서는 코드 영역에 있는 명령어들만 실행할 수 있는 권한을 가지고, 데이터 영역의 메모리는 실행 권한을 가지지 못한다. 또한 영역마다 프로세서의 특권 레벨을 지정하고, 자신보다 높은 특권 레벨의 영역에는 접근하지 못하도록 할 수 있다. 마지막으로 메모리 영역의 시작과 끝을 지정해, 그 이외 영역에는 접근을 원천적으로 방지하는 데 사용하기도 한다. 그림 3-1은 세그먼테이션의 간단한 예다. 운영체제는 각 세그먼트에 시작^{base}과 끝^{limit}을 지정할 수 있고, 해당 영역의 특권 레벨과 해당 영역의 속성을 지정할 수 있다. 물론 x86의 세그먼테이션은 이보다는 상당히 복잡하지만 기본적인 맥락은 이와 같다.

그림 3-1 세그먼테이션

메인 메모리

세그먼트 디스크립터 테이블

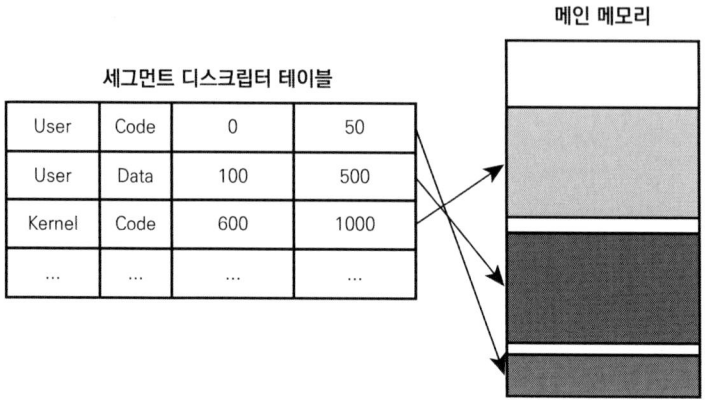

User	Code	0	50
User	Data	100	500
Kernel	Code	600	1000
...	...	...	...

그림 3-2 세그먼트 디스크립터[01]

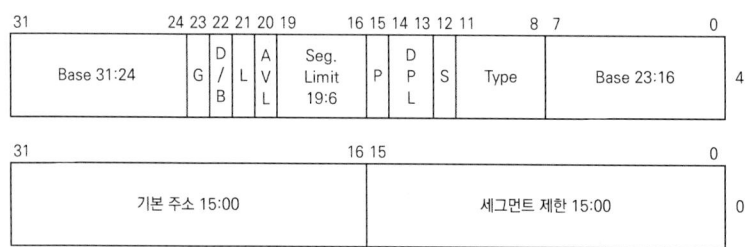

31	24 23	22	21	20	19	16 15	14 13 12	11	8 7	0	
Base 31:24		G	D/B	L	AVL	Seg. Limit 19:6	P	DPL	S	Type	Base 23:16	4

31	16 15	0	
기본 주소 15:00	세그먼트 제한 15:00		0

L - 64비트 코드 세그먼트(IA-32e 모드 전용)
AVL - 시스템 소프트웨어에서 사용 가능
BASE - 세그먼트 기본 주소
D/B - 기본 작업 크기(0 = 16비트 세그먼트, 1 = 32비트 세그먼트)
DPL - 디스크립터 특권 레벨
G - 단위
LIMIT - 세그먼트 제한
P - 세그먼트 존재 여부
S - 디스크립터 타입(0 = 시스템, 1 = 코드 혹은 데이터)
TYPE - 세그먼트 타입

---

01 Intel® 64 and IA-32 Architectures Software Developer's Manual, Volume 3A, '3.4.5 Segment Descriptors'

그림 3-2는 x86 32비트 아키텍처에서의 세그먼트 디스크립터 세부사항을 도식화한 것이다. 8:11 비트는 세그먼트 영역의 속성을 나타내고, 13:14비트는 세그먼트의 특권 레벨을 나타낸다. 2비트를 사용하면 0~3까지의 숫자를 표현할 수 있고, 따라서 x86의 특권 레벨은 총 네 단계가 된다. 그리고 디스크립터 전체에 산발적으로 base와 limit를 지정해 세그먼트 영역을 지정할 수도 있다. 그러면 리눅스가 위 세그먼트 디스크립터를 어떻게 설정하는지 살펴보자.

코드 3-1 세그먼트 디스크립터 정의(32비트) 1 ⟨($LINUX)/arch/x86/kernel/cpu/common.c⟩

```
...
DEFINE_PER_CPU_PAGE_ALIGNED(struct gdt_page, gdt_page) = { .gdt = {
    ...


    [GDT_ENTRY_KERNEL_CS]        = GDT_ENTRY_INIT(0xc09a, 0, 0xfffff),
    [GDT_ENTRY_KERNEL_DS]        = GDT_ENTRY_INIT(0xc092, 0, 0xfffff),
    [GDT_ENTRY_DEFAULT_USER_CS] = GDT_ENTRY_INIT(0xc0fa, 0, 0xfffff),
    [GDT_ENTRY_DEFAULT_USER_DS] = GDT_ENTRY_INIT(0xc0f2, 0, 0xfffff),


    ...
}

...
```

코드 3-2 세그먼트 디스크립터 정의(32비트) 2 ⟨($LINUX)/arch/x86/include/asm/desc_defs.h⟩

```
...
struct desc_struct {
    union {
        struct {
            unsigned int a;
            unsigned int b;
```

```
    };
    struct {
        u16 limit0;
        u16 base0;
        unsigned base1: 8, type: 4, s: 1, dpl: 2, p: 1;
        unsigned limit: 4, avl: 1, l: 1, d: 1, g: 1, base2: 8;
    };
    };
} __attribute__((packed));

#define GDT_ENTRY_INIT(flags, base, limit) { { {            \
    .a = ((limit) & 0xffff) | (((base) & 0xffff) << 16),        \
    .b = (((base) & 0xff0000) >> 16) | (((flags) & 0xf0ff) << 8) |   \
        ((limit) & 0xf0000) | ((base) & 0xff000000),        \
    } } }

    ...
```

코드 3-1과 코드 3-2는 리눅스에서 정의한 세그먼트 디스크립터의 내용 부분이다. GDT_ENTRY_INIT 매크로를 잘 해석해보면 커널 영역의 코드 부분(GDT_ENTRY_KERNEL_CS)의 12:15비트 내용은 0x9임을 알 수 있고 이를 이진수로 표현하면 1001이다. 따라서 13:14비트 내용은 0이고, 리눅스는 커널 영역을 가장 높은 특권인 특권 레벨 0으로 실행함을 알 수 있다.

또한 사용자 영역의 코드 부분(GDT_ENTRY_DEFAUT_USER_CS)의 12:15비트 내용은 0xf이고 특권 레벨 3을 가진다. 따라서 리눅스 커널은 특권 레벨 0에서, 사용자 영역은 특권 레벨 3에서 각각 실행한다. 그러므로 사용자 모드에서는 특권 명령을 실행할 수 없다.

그림 3-3 플랫 메모리 모델

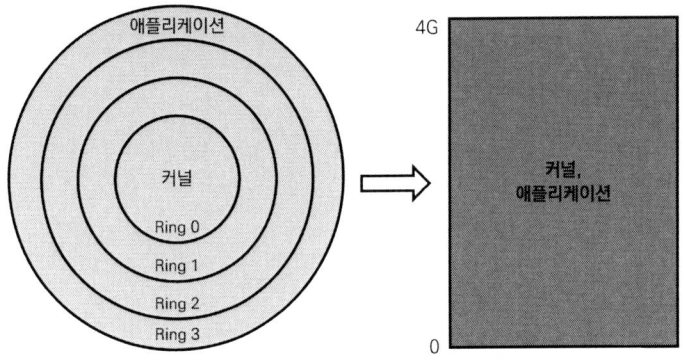

흥미로운 점은 커널 영역이든 사용자 영역이든, 또 코드든 데이터든, base와 limit 를 모두 0부터 0xfffff로 지정한다는 점이다. 이를 플랫 메모리 모델Flat-Memory Model이라고도 부르는데, 메모리 전체를 영역으로 나누지 않고 하나로 통일해 사용 한다. 이렇게 사용하는 이유는 구현의 용이성도 있지만, 뒤에서 설명할 페이징 기 법으로 충분히 메모리 영역을 효율적으로 보호할 수 있기 때문이다. 어쨌거나 리눅 스에서는 이렇게 커널이나 애플리케이션이 메모리 전체에 접근할 수 있으며, 세그 먼테이션에서는 특권 레벨만 지정한다.

3.2 페이징 보호

앞서 설명한 대로 리눅스는 메모리 보호를 위해 세그먼테이션에서 제공하는 기능 을 사용하지는 않지만, 페이징 기능을 이용해서 효율적인 메모리 보호를 구현한다. x86 아키텍처는 세그먼트와 페이징Paging을 동시에 적용할 수 있는 세그먼트화된 페이징Segmented Paging을 지원하므로 리눅스는 세그먼트의 특권 레벨 기능과 더불 어 페이징의 메모리 보호 기능을 적절히 사용한다. 아직 무슨 말인지 잘 이해하지 못할 수 있다. 다음 그림을 보면서 차근차근 살펴보자.

그림 3-4 세그먼트화된 페이징[02]

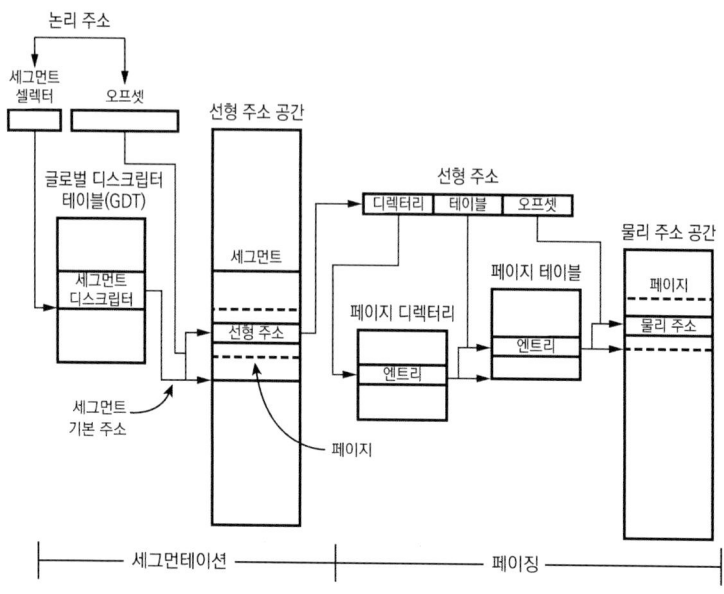

그림 3-4는 x86 아키텍처에서의 세그먼트화된 페이징 방식을 보여준다. CPU가 내보내는 메모리 주소는 세그먼트 영역의 base와 limit를 기준으로 변환되어 선형 주소Linear address를 생성하고, 뒤에 다단계의 페이징으로 주소 변환이 이루어져 물리 주소Physical Address로 바뀐다. 여기서 메모리 보호는 총 두 단계에 걸쳐서 이루어 진다. 첫째는 CPU가 내보내는 주소가 세그먼트 영역을 벗어나는지를 검사해서 이루어지고, 둘째는 페이지 테이블을 통해서 이루어진다. 앞서 리눅스는 모든 세그먼트가 전체 메모리 영역에 접근할 수 있도록 설정했으므로 세그먼테이션으로는 커널 영역을 보호할 수 없다. 따라서 리눅스는 페이지 테이블로 커널 영역의 메모리를 보호한다.

---

02 Intel® 64 and IA-32 Architectures Software Developer's Manual, Volume 3A, 'Figure 3-1. Segmentation and Paging'

그림 3-5 페이징을 통한 메모리 보호

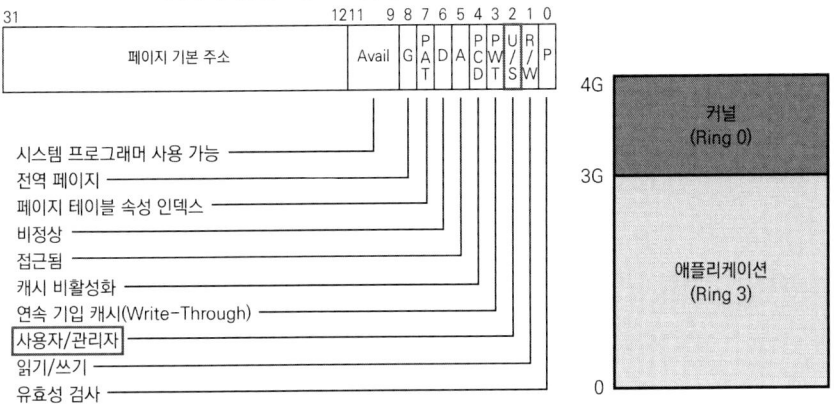

페이지 테이블 엔트리(4KB 페이지)

그림 3-5는 x86 아키텍처의 페이지 테이블 엔트리다. 모든 비트를 설명하는 일은 관심 있는 독자를 위해 남겨 두고, 여기서는 보호 기능을 위한 U/S 비트에 주목한다.

페이지 테이블 엔트리에 해당 비트를 설정하면 사용자 모드(즉, 특권 레벨 3)에서 접근이 가능하고, 그렇지 않으면 특권 모드(즉, 특권 레벨 0-2)만 접근이 가능하다. 32비트 리눅스는 4GB의 가상 메모리 주소 공간 중 사용자 영역을 위해 0~3GB까지 메모리를 할당하고, 해당 주소 변환에 사용하는 페이지 테이블 엔트리의 U/S 비트를 설정한다. 나머지 3GB에서 4GB까지의 메모리는 커널 영역에 해당하며, 이 영역의 주소 변환에 사용하는 페이지 테이블 엔트리의 U/S 비트는 설정하지 않는다.

따라서 세그먼테이션을 통해서 특권 레벨 3으로 지정한 사용자 프로세스에서는 3GB에서 4GB까지의 메모리 영역에는 접근할 수 없다. 리눅스는 이와 같은 방법으로 커널 영역과 사용자 영역의 메모리를 서로 분리한다.

3.3 32비트에서의 Xen 메모리 보호

이제 본격적으로 Xen의 메모리 보호를 살펴보자. 서론이 너무 길었는데, 위 내용을 완벽히 숙지했다면, Xen의 메모리 보호 메커니즘은 이미 다 이해한 것이나 마찬가지다. 따라서 리눅스의 메모리 보호 방법을 자세히 설명한 점에 양해를 구한다. 근본적으로 가상화 환경에서의 메모리 보호는, 게스트 운영체제나 애플리케이션으로부터 Xen이 보호되어야 한다. 추가로 당연히 애플리케이션으로부터 게스트 운영체제 역시 보호되어야 한다. Xen은 세그먼테이션의 보호 기능과 페이징의 보호 기능을 적절히 조합해 메모리를 보호한다.

그림 3-6 Xen 메모리 보호(특권 레벨 변경)

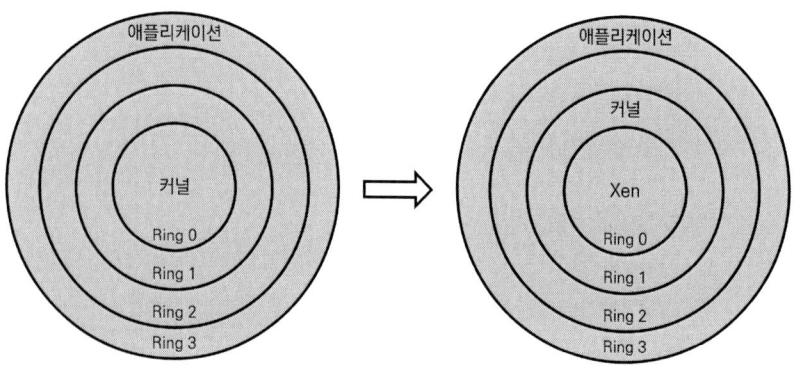

그림 3-6은 Xen이 동작하는 환경에서의 특권 레벨 변경을 보여준다. 기존의 리눅스는 ring 0을 커널이 사용하고 애플리케이션이 ring 3을 사용한다. 그러나 Xen에서는 게스트 운영체제가 특권 명령을 함부로 실행하면 안 되므로, Xen은 ring 0에서 동작하고, 게스트 운영체제는 ring 1에서 동작하게끔 한다. 그리고 애플리케이션은 여전히 ring 3에서 동작한다.

리눅스와 마찬가지로 Xen 역시 페이징의 보호 기능을 이용해서 ring 3의 사용자 프로그램이 ring 0의 Xen과 ring 1의 게스트 운영체제에 접근하는 일을 막는다.

그러나 여전히 문제가 되는 것은 이것만으로 Xen이 게스트 운영체제로부터 보호 받지 못한다는 것이다. x86의 페이징 보호는 특권 모드(ring 0-2)인지 사용자 모드 (ring 3)인지만을 구분할 수 있을 뿐, Xen(ring 0)과 게스트 운영체제(ring 1) 사이의 보호 기능을 제공하지 않는다. 따라서 Xen은 리눅스가 사용하지 않았던 세그먼트 영역의 보호 기능(base와 limit)으로 게스트 운영체제가 Xen이 사용하는 메모리 영역에 접근하지 못하도록 한다.

코드 3-3 Xen 세그먼트 디스크립터 정의(32비트) 1 ⟨($XEN)/xen/arch/x86/boot/x86_32.S⟩

```
...
#define GUEST_DESC(d)                                               \
        .long ((MACH2PHYS_VIRT_END - 1) >> 12) & 0xffff,            \
            ((MACH2PHYS_VIRT_END - 1) >> 12) & (0xf << 16) | (d)
ENTRY(boot_cpu_gdt_table)
        .quad 0x0000000000000000  /* TSS 더블 폴트 */
        .quad 0x00cf9a000000ffff  /* 0xe008 링 0 4.00GB 코드 영역 시작 주소 */
        .quad 0x00cf92000000ffff  /* 0xe010 링 0 4.00GB 데이터 영역 시작 주소 */
        GUEST_DESC(0x00c0ba00)    /* 0xe019 링 1 3.xxGB 코드 영역 시작 주소 */
        GUEST_DESC(0x00c0b200)    /* 0xe021 링 1 3.xxGB 데이터 영역 시작 주소 */
        GUEST_DESC(0x00c0fa00)    /* 0xe02b 링 3 3.xxGB 코드 영역 시작 주소 */
        GUEST_DESC(0x00c0f200)    /* 0xe033 링 3 3.xxGB 데이터 영역 시작 주소 */

...
```

코드 3-4 Xen 세그먼트 디스크립터 정의(32비트) 2
⟨($XEN)/xen/include/public/arch-x86/xen-x86_32.h⟩

```
...
#define FLAT_RING1_CS 0xe019   /* GDT의 259번째 인덱스 */
#define FLAT_RING1_DS 0xe021   /* GDT의 260번째 인덱스 */
#define FLAT_RING1_SS 0xe021   /* GDT의 260번째 인덱스 */
```

```
#define FLAT_RING3_CS 0xe02b    /* GDT의 261번째 인덱스 */
#define FLAT_RING3_DS 0xe033    /* GDT의 262번째 인덱스 */
#define FLAT_RING3_SS 0xe033    /* GDT의 262번째 인덱스 */


#define FLAT_KERNEL_CS FLAT_RING1_CS
#define FLAT_KERNEL_DS FLAT_RING1_DS
#define FLAT_KERNEL_SS FLAT_RING1_SS
#define FLAT_USER_CS   FLAT_RING3_CS
#define FLAT_USER_DS   FLAT_RING3_DS
#define FLAT_USER_SS   FLAT_RING3_SS

...
```

그림 3-7 세그먼테이션과 페이징을 통한 Xen 메모리 보호

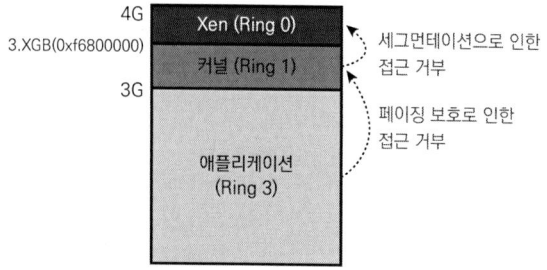

코드 3-3과 코드 3-4, 그림 3-7을 보면, Xen이 세그먼테이션과 페이징으로 어떻게 메모리 보호를 구현하는지 알 수 있다. Xen은 메모리 최상위의 약 64MB 영역을 사용하고, 게스트 운영체제와 애플리케이션의 메모리 세그먼트 영역을 0부터 3.xGB(0xf6800000)까지로 설정한다. 따라서 애플리케이션과 게스트 운영체제가 그 이상의 메모리 영역인 Xen에 접근하려고 하면, 세그먼테이션 영역에 벗어나므로 접근을 허용하지 않는다. 또한 애플리케이션은 페이징의 보호 메커니즘 때문에 게스트 운영체제에 접근할 수 없다.

3.4 x86-64에서의 메모리 보호

가상화 시스템이 많지 않던 시절 기존의 운영체제는 세그먼테이션을 통한 메모리
영역 보호를 사용하지 않았기 때문에, 아키텍처 벤더는 저마다 32비트에서 64비
트로 아키텍처를 확장시키는 과정에서 복잡하기만 하고 사용하지 않았던 세그먼테
이션 기능을 삭제했다. 따라서 세그먼테이션과 페이징의 메모리 보호 기능을 모두
필요로 하는 가상화 시스템에서는 다른 방법을 고안해야만 했다.[03] 즉, 세그먼테이
션 기능이 없어 실제로 특권 모드와 사용자 모드 두 단계의 특권 레벨만 존재했으
므로, 페이징으로만 메모리 영역을 보호할 수 있게 된 것이다.

그림 3-8 x86-64에서 Xen의 메모리 보호

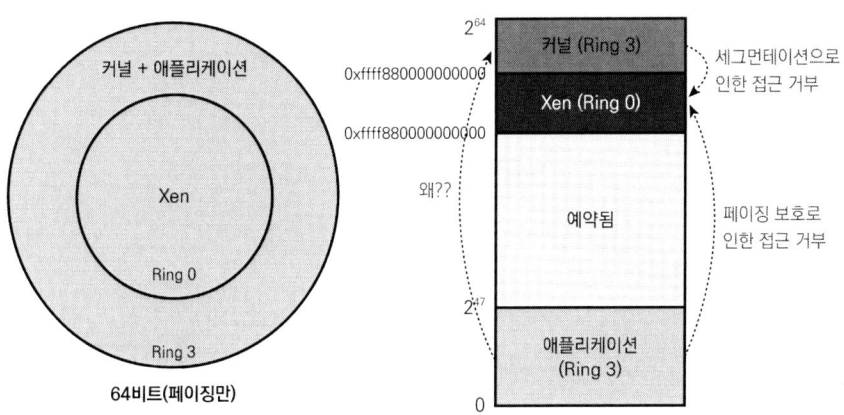

그림 3-8과 같이 Xen은 특권 레벨 0을 가지며, 게스트 운영체제와 사용자 프로세
스는 모두 ring 3에서 동작한다. 오른쪽은 Xen의 메모리 맵을 나타내는데, 이를
살펴보면 페이징으로 Xen이 게스트 운영체제와 사용자 프로세스 모두로부터 안전
하게 보호받음을 알 수 있다. 하지만 사용자 프로세스는 게스트 운영체제에 자유롭

---

03 물론 AMD는 AMD Athlon 64, revision D 이후부터 다시 세그먼테이션 기능을 추가했다. 그러나 인텔은
    여전히 세그먼테이션 기능을 추가하지 않고 있다.

게 접근할 수 있으므로, 악의적이거나 버그 때문에 운영체제의 메모리에 접근하게 되면 게스트 운영체제에 심각한 영향을 끼칠 수 있다. Xen은 이를 방지하려고 사용자 프로세스가 동작할 때는 게스트 운영체제의 페이지 테이블 내용을 제거해 접근을 원천 방지한다. 즉, 사용자 프로세스가 동작할 때는 게스트 운영체제의 페이지 테이블 내용이 비워져 있어 접근할 수 없고, 사용자 프로세스가 시스템 콜 호출을 하거나 외부 인터럽트 발생으로 커널 모드에 진입하는 경우에만 잠시 게스트 운영체제가 사용하는 영역의 페이지 테이블 내용을 채워 일시적인 접근이 가능하도록 한다. 그리고 다시 시스템 콜이나 인터럽트에서 사용자 프로세스로 복귀할 때는 커널 영역의 페이지 테이블 내용을 삭제하고, TLB를 플러시 함으로써, 사용자 프로세스의 접근을 원천 봉쇄한다.

그림 3-9 커널과 사용자 프로세스 사이의 메모리 보호(64비트)

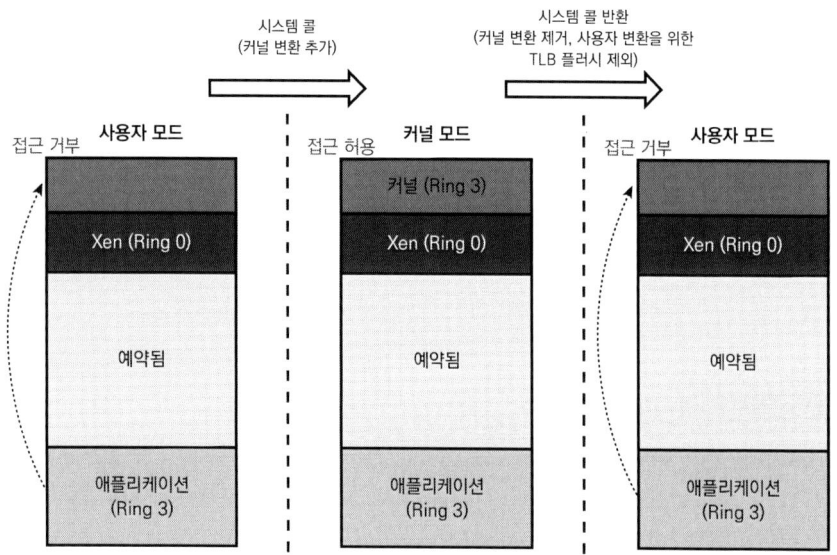

3장 메모리 보호

페이지 테이블의 내용을 삭제한 뒤에는 TLB를 항상 플러시해 주어야 한다. 왜냐하면 TLB 내용이 그대로 남아 있으면 페이지 테이블의 내용을 삭제했더라도 캐시 되어 있는 TLB를 통해서 사용자 프로세스가 커널 영역의 메모리 내용에 접근할 수 있기 때문이다.

위와 같은 보호 방법을 사용하려면 상당한 오버헤드를 감수해야 한다. 왜냐하면 사용자 모드와 커널 모드 사이의 모드 변환이 있을 때마다 TLB를 플러시해 주어야 하고, 다시 접근하려고 할 때, TLB 손실을 통해서 다시 TLB의 내용을 채워 넣어야 하기 때문이다. 이는 실제로 많은 오버헤드가 발생한다고 알려졌다.

이런 오버헤드를 줄이려는 방법으로, Xen은 글로벌 페이지Global Page를 사용자 프로세스 메모리 주소 공간에 한해서는 TLB를 플러시 하지 않는다. 커널 모드와 사용자 모드 사이의 전환 시 변경하는 페이지 테이블의 내용은 커널의 메모리 주소 공간이므로, 굳이 사용자 프로세스의 메모리 주소 공간에 해당하는 페이지 테이블은 TLB를 플러시 할 필요가 없다. 따라서 Xen은 사용자 프로세스의 메모리 주소 공간에 대한 페이지 테이블 엔트리에 'G' 비트를 설정해 최적화시켰다.

코드 3-5 반가상화 게스트 운영체제의 페이지 테이블 설정(64비트) 1
⟨($XEN)/xen/arch/x86/x86_64/traps.c⟩

```
...
void toggle_guest_mode(struct vcpu *v)
{
    if(is_pv_32bit_vcpu(v))
        return;
    v->arch.flags ^= TF_kernel_mode;
    asm volatile("swapgs");
    update_cr3(v);
#ifdef USER_MAPPINGS_ARE_GLOBAL
```

```
    asm volatile("mov %0, %%cr3" : : "r" (v->arch.cr3) : "memory");
#else
    write_ptbase(v);
#endif
}

...
```

코드 3-6 반 가상화 게스트 운영체제의 페이지 테이블 설정(64비트) 2
⟨($XEN)/xen/arch/x86/mm.c⟩

```
...

void update_cr3(struct vcpu *v)
{
    unsigned long cr3_mfn=0;

    if(paging_mode_enabled(v->domain))
    {
        paging_update_cr3(v);
        return;
    }

#if CONFIG_PAGING_LEVELS == 4
    if(!(v->arch.flags & TF_kernel_mode))
        cr3_mfn = pagetable_get_pfn(v->arch.guest_table_user);

    else
#endif
        cr3_mfn = pagetable_get_pfn(v->arch.guest_table);

    make_cr3(v, cr3_mfn);
```

```
    }

    ...
```

코드 3-7 반 가상화 게스트 운영체제의 페이지 테이블 설정(64비트) 3
〈($XEN)/xen/arch/x86/mm.c〉

```
...
#ifdef USER_MAPPINGS_ARE_GLOBAL
#define adjust_guest_l1e(pl1e, d)                                          \
    do {                                                                   \
        if(likely(l1e_get_flags((pl1e)) & _PAGE_PRESENT) &&                \
            likely(!is_pv_32on64_domain(d)))                               \
        {                                                                  \
            if((l1e_get_flags((pl1e)) & (_PAGE_GUEST_KERNEL|_PAGE_GLOBAL)) \
                == (_PAGE_GUEST_KERNEL|_PAGE_GLOBAL))                       \
                MEM_LOG("Global bit is set to kernel page %lx",            \
                    l1e_get_pfn((pl1e)));                                  \

            if(!(l1e_get_flags((pl1e)) & _PAGE_USER))                      \
                l1e_add_flags((pl1e), (_PAGE_GUEST_KERNEL|_PAGE_USER));    \

            if(!(l1e_get_flags((pl1e)) & _PAGE_GUEST_KERNEL))              \
                l1e_add_flags((pl1e), (_PAGE_GLOBAL|_PAGE_USER));          \
        }                                                                  \
    } while(0)
#else
#define adjust_guest_l1e(pl1e, d)                                          \
    do {                                                                   \
        if(likely(l1e_get_flags((pl1e)) & _PAGE_PRESENT) &&                \
            likely(!is_pv_32on64_domain(d)))                               \
            l1e_add_flags((pl1e), _PAGE_USER);                             \
```

```
        } while(0)
    #endif
```

...

코드 3-5의 toggle_guest_mode() 함수는 Xen에서 커널 모드와 사용자 모드 사이가 스위치될 때마다 호출하는 함수다. 이 부분을 잘 살펴보면 앞서 설명했던 보호 방법이 어떻게 구현되었는지 알 수 있다. 우선 is_pv_32bit_vcpu() 함수에서 64비트 게스트 운영체제인지 확인하고, update_cr3() 함수에서 v->arch.cr3 값을 변경한다. 그리고 변경된 v->arch.cr3를 CR3 레지스터에 반영한다. x86 아키텍처는 CR3 레지스터를 변경하면 자동으로 해당 CPU의 TLB를 모두 플러시 한다(물론 글로벌 페이지 테이블 엔트리는 비우지 않는다). 코드 3-6의 update_cr3() 함수를 살펴보면 커널 모드일 때는 v->arch.guest_table로 사용하고, 사용자 모드일 때는 v->arch.guest_table_user로 사용한다. 즉, 사용자 페이지 테이블과 커널 페이지 테이블을 서로 분리해 관리하고, 둘 사이에서 스위치가 일어날 때마다 해당 페이지 테이블을 사용하도록 CR3 레지스터를 변경한다는 의미다. 또한 코드 3-7의 adjust_guest_l1e 매크로는 게스트 운영체제의 페이지 테이블 엔트리를 만들 때 사용하는데, 사용자 페이지 테이블 엔트리일 때는 _PAGE_GLOBAL 비트를 설정해 사용자 페이지 테이블 TLB가 플러시 되는 것을 방지한다.[04]

---

04 그러나 프로세스 사이에서 컨텍스트 스위치가 발생할 때는 반드시 모든 TLB를 플러시해 주어야 한다. 따라서
    프로세스별로 ID를 할당해서 다른 ID의 프로세스로 컨텍스트 스위치가 일어날 때만 TLB가 플러시 된다. 이를
    Process Context Identifier(PCID)라고 한다.

4 | 주소 변환 체계

가상화 환경에서는 기존 시스템과는 달리 한 단계의 추가적인 메모리 주소 변환 체계가 필요하다. 앞서 새로운 메모리 주소 체계의 개념을 설명했으므로 4장에서는 Xen에서의 주소 변환 체계를 좀 더 자세히 알아보자.

4.1 페이지 프레임 번호

Xen 소스 코드를 살펴보면, PFN, MFN, GPFN, GMFN 등 페이지 프레임 번호를 가리키는 너무 많은 용어가 난무한다. 따라서 처음에는 혼란에 빠지기 쉽고 소스 코드를 이해하는 데 큰 걸림돌이 되곤 한다. 여기서 확실하게 정리하고 넘어가자.

기본적으로 페이지 프레임 번호^{Page Frame Number}, PFN는 가상화 환경의 컨텍스트에 따라 의미가 달라질 수 있다. 왜냐하면 가상화 환경은 가상 주소, 물리 주소, 머신 주소라는 세 개의 주소 체계가 있는데, 어떤 소스 코드 부분에서는 PFN이 물리 주소의 PFN이 될 수 있고, 또 다른 어떤 부분에서는 이것이 머신 주소의 PFN이 될 수도 있기 때문이다. 그래서 개발자들이 특정 컨텍스트에서 PFN이 내포하는 의미를 명확하게 하려고 MFN, GPFN, GMFN 등과 같이 좀 더 구체적인 이름을 짓게된 것이다.

1. MFN(Machine Frame Number): 머신 주소상의 메모리 주소 공간에 대한 페이지 프레임 번호를 나타낸다.
2. GPFN(Guest Page Frame Number): 게스트 운영체제의 메모리 주소 공간에 대한 페이지 프레임 번호를 나타낸다.

3. GMFN(Guest Machine Frame Number): 게스트 운영체제가 생각하는 머신 주소 공간에 대한 페이지 프레임 번호를 나타낸다.

예를 들면, x86 아키텍처 반가상화 게스트 운영체제는 머신 주소 정보를 모두 안다. 즉, P2M$^{physical-to-machine}$ 매핑 정보를 Xen으로부터 획득해서 주소 변환 시 사용한다. 그러므로 이때 GMFN은 MFN과 같고, GPFN은 머신 주소가 아닌 물리 주소 공간에 대한 페이지 프레임 번호를 나타낸다. 그렇다면 HVM 환경에서 섀도 페이지 테이블을 사용하거나 HAP$^{Hardware\ Assisted\ Pagetable}$을 사용할 때, 게스트 운영체제는 머신 주소 정보를 알 수 없다. 즉, 게스트 운영체제가 아닌 하이퍼바이저가 P2M 매핑 정보를 통해 주소를 변환하게 된다. 이런 상황에서 게스트 운영체제가 바라보는 머신 주소는 물리 주소가 되고, 이때 GPFN과 GMFN은 모두 물리 주소 공간에 대한 페이지 프레임 번호를 나타낸다.

또 다른 예로 IA64 아키텍처의 반가상화 게스트 운영체제를 생각해보자. IA64 아키텍처는 x86과는 다른 가상 메모리 시스템을 갖춰서 물리 주소와 머신 주소를 동일하게 여긴다. 따라서 이런 때는 GPFN과 GMFN, 그리고 MFN이 모두 동일하게 머신 주소에 대한 페이지 프레임 번호를 나타낸다. 이해를 돕기 위해 다음 소스 코드를 보면서 실제로 어떻게 구현돼 있는지 살펴보자.

코드 4-1 물리 주소와 머신 주소 사이의 변환 1 (($LINUX)/arch/x86/include/asm/xen/page.h)

```
...
static inline unsigned long pfn_to_mfn(unsigned long pfn)
{
    unsigned long mfn;

    if(xen_feature(XENFEAT_auto_translated_physmap))
        return pfn;

    mfn = get_phys_to_machine(pfn);
```

```
    if(mfn != INVALID_P2M_ENTRY)
        mfn &= ~(FOREIGN_FRAME_BIT | IDENTITY_FRAME_BIT);

    return mfn;
}

...

static inline unsigned long mfn_to_pfn(unsigned long mfn)
{
    unsigned long pfn;
    int ret = 0;

    if(xen_feature(XENFEAT_auto_translated_physmap))
        return mfn;

    if(unlikely(mfn >= machine_to_phys_nr))
        pfn = ~0;
        goto try_override;

    pfn = 0;

    ret = __get_user(pfn, &machine_to_phys_mapping[mfn]);
try_override:

    // MFN에 대한 M2P의 엔트리가 없으면 ret은 0보다 작은 값을 가진다.
    if(ret < 0)
        pfn = ~0;

    else if(get_phys_to_machine(pfn) != mfn) {

        // 외부 MFN이면 PFN을 MFN에 리매핑하지 않으므로,
        // 로컬 오버라이드 테이블에서 사용할 PFN을 찾는다.
```

```
        // m2p_find_override_pfn 함수는 MFN에 해당하는 PFN을 찾지 못하면
        // ~0을 반환한다.
        pfn = m2p_find_override_pfn(mfn, ~0);
    }

    // 위 루틴에서 PFN을 찾지 못해 PFN 값이 ~0이고,
    // MFN이 IDENTITY_FRAME이면 PFN은 MFN과 1:1 매핑한다.
    // 이것은 비메모리 영역(ex. 비디오 메모리) 등을 매핑할 때 사용한다.
    if(pfn == ~0 && get_phys_to_machine(mfn) == IDENTITY_FRAME(mfn))
        pfn = mfn;

    return pfn;
}

...
```

코드 4-2 물리 주소와 머신 주소 사이의 변환 2 〈($LINUX)/arch/ia64/include/asm/xen/page.h〉

```
...
static inline unsigned long mfn_to_pfn(unsigned long mfn)
{
    return mfn;
}

static inline unsigned long pfn_to_mfn(unsigned long pfn)
{
    return pfn;
}

...
```

4장 주소 변환 체계

위 소스 코드는 반가상화 리눅스 게스트 운영체제의 소스 코드에서 발췌한 것이다. 이름에서 알 수 있듯이 pfn_to_mfn()은 페이지 프레임 번호(여기서는 물리 주소)를 머신 프레임 번호(머신 주소)로 변경하는 함수다.[01]

어쨌든 x86 아키텍처의 소스 코드에서 auto_translated_physmap을 가지면 그냥 pfn을 반환한다. 여기서 auto_translated_physmap이란 물리 주소와 머신 주소 사이의 변환을 Xen 하이퍼바이저가 한다는 의미고, 이때 게스트 운영체제는 머신 주소의 정보가 전혀 없다. 정보가 있다면 get_phys_to_machine(pfn) 함수로 물리 주소와 머신 주소 사이의 주소 변환을 통해서 머신 주소를 반환하게 된다. 반면 IA64 게스트 운영체제는 pfn과 mfn이 같으므로 바로 pfn을 반환한다.

하이퍼바이저 관점에서는 모든 종류의 게스트 운영체제를 동일하게 취급해야 하므로, 공통 기능(하이퍼 콜 매개변수, Xen-tools 등)을 실행해야 하는 부분에 gmfn과 같은, 동시에 여러 가지 의미가 있을 변수 이름을 짓는다. 이는 프로그램의 가독성을 높여주고 효율적인 개발을 가능하게 한다.

예를 들어 게스트 운영체제가 x86 반가상화 게스트 운영체제였다면, gmfn 변수는 머신 주소에 대한 페이지 프레임 번호를 담았을 것이고, x86 전가상화 게스트 운영체제였다면 물리 주소에 대한 페이지 프레임 번호를 담았을 것이다.

4.2 P2M 매핑

Xen은 게스트 도메인마다 struct p2m_domain이라는 물리 주소와 머신 주소 사이의 변환에 대한 구조체를 유지한다.

---

01 위 소스 코드는 Xen 하이퍼바이저의 소스 코드가 아닌 리눅스 소스 코드이므로 함수 이름에 g가 붙지 않는다.
    gmfn나 gpfn이라는 이름은 Xen 소스 코드에서 볼 수 있는 이름이다.

코드 4-3 struct p2m_domain ⟨$(XEN)/xen/include/asm-x86/p2m.h⟩

```
...
struct p2m_domain {
    spinlock_t          lock;               // P2M 업데이트 보호 락
    int                 locker;             // 락을 가진 프로세서
    const char          *locker_function;   // 락을 가져간 함수

    pagetable_t         phys_table;         // P2M 매핑 섀도 페이지 테이블

    struct domain       *domain;            // 소유 도메인 포인터
    struct page_list_head pages;            // P2M 구성에 사용하는 페이지들

    int (*set_entry)(struct p2m_domain *p2m,
                     unsigned long gfn,
                     mfn_t mfn, unsigned int page_order,
                     p2m_type_t p2mt,
                     p2m_access_t p2ma);
    mfn_t (*get_entry)(struct p2m_domain *p2m,
                     unsigned long gfn,
                     p2m_type_t *p2mt,
                     p2m_access_t *p2ma,
                     p2m_query_t q);
    mfn_t (*get_entry_current)(struct p2m_domain *p2m,
                     unsigned long gfn,
                     p2m_type_t *p2mt,
                     p2m_access_t *p2ma,
                     p2m_query_t q);
    void (*change_entry_type_global)(struct p2m_domain *p2m,
                     p2m_type_t ot,
                     p2m_type_t nt);

    // 도메인에 있는 각 페이지의 P2M 디폴트 접근 타입(p2m_access_t 정의 참고)
```

```
    p2m_access_t       default_access;

    // 이 값이 참이고 아무런 mem_event 리스너가 없을 때 접근이 실패하면
    // 해당 도메인은 동작을 중단한다. 그렇지 않으면 접근 제한을 제거한다.
    bool_t             access_required;

    // P2M에 매핑된 최대 게스트 프레임
    unsigned long max_mapped_pfn;

    // Pod(Populate-on-demand) 관련 변수들
    struct {
        // Super 페이지는 1GB or 2MB 크기를 가진 큰 페이지를 의미한다.
        struct page_list_head super,     // 슈퍼 페이지 리스트
                            single;       // 일반 페이지 리스트
        int                 count,        // 캐시 리스트의 페이지 개수
                            entry_count;  // P2M에서 PoD가 표시된 페이지 개수
        unsigned            reclaim_super; // 스캔되는 마지막 GPFN(슈퍼 페이지)
        unsigned            reclaim_single;// 스캔되는 마지막 GPFN(일반 페이지)
        unsigned            max_guest;    // 게스트 demand-populate의 최대 GPFN
    } pod;
};

    ...
```

lock 관련 멤버 변수는 P2M 매핑을 수정할 때 동기화에 필요한 관련 변수다. phys_table은 P2M 테이블 베이스 주소를 가리키며, Xen은 가상 주소와 물리 주소 변환 시 사용하는 페이지 테이블 구조와 같은 다단계의 물리 주소와 머신 주소 변환 페이지 테이블 구조를 가진다. 일반적인 페이지 테이블 구조라면 CR3에 해당하는 값이며, 마찬가지로 P2M 페이지 테이블 베이스값을 여기에 저장한다. set_entry, get_entry, get_entry_current, change_entry_type_global은 공통 인

터페이스로써 함수 포인터로 선언했고, P2M 구조에 따라 초기화될 때 알맞은 함수를 삽입한다. 예를 들어 set_entry 함수가 인텔의 확장 페이지 테이블Extended Page Table을 지원하면, ept_set_entry 함수를 호출하며, 그렇지 않으면 p2m_set_entry 함수를 호출한다. 끝으로 멤버 변수인 struct pod가 존재하는데 이는 Populate-on-Demand(PoD) 관련 멤버 변수다. Xen은 메모리 효율성을 높이려고 PoD 방법을 사용하기도 하는데, 이는 최초 게스트 생성 시 게스트가 요청한 모든 메모리를 할당하는 것이 아니라, 게스트가 실제 메모리를 사용할 때 할당하는 방식을 말한다. 이때, P2M 페이지 테이블 엔트리에는 p2m_populate_on_demand라고 표기해 두고, 해당 메모리는 최초에 할당하지 않고 뒤에 게스트가 요구할 때 할당한다.

코드 4-4 p2m_type_t ⟨$(XEN)/xen/include/asm-x86/p2m.h⟩

```
...
#ifdef __x86_64__
#define HAVE_GRANT_MAP_P2M
#endif

typedef enum {
    p2m_invalid = 0,              // 유효하지 않음
    p2m_ram_rw = 1,               // 일반적인 게스트 메모리 읽기/쓰기
    p2m_ram_logdirty = 2,         // log-dirty를 위한 임시적인 읽기 전용
    p2m_ram_ro = 3,               // 읽기 전용, 쓰기는 중단됨
    p2m_mmio_dm = 4,              // 디바이스 모델 읽기/쓰기
    p2m_mmio_direct = 5,          // MMIO 매핑 영역 읽기/쓰기
    p2m_populate_on_demand = 6,   // PoD(Populate-on-Demand)

    // HAVE_GRANT_MAP_P2M이 정의되어 있어야 사용할 수 있다.
    p2m_grant_map_rw = 7,         // 그랜트 매핑 읽기/쓰기
    p2m_grant_map_ro = 8,         // 그랜트 매핑 읽기 전용
```

```
// 이후는 정의되었더라도 64비트 모드에서만 사용할 수 있다.
    p2m_ram_paging_out = 9,        // '페이지-아웃'되고 있는 메모리
    p2m_ram_paged = 10,           // '페이지-아웃'된 메모리
    p2m_ram_paging_in = 11,       // '페이지-인'되고 있는 메모리
    p2m_ram_paging_in_start = 12, // '페이지-인' 시작한 메모리
    p2m_ram_shared = 13,          // 공유되거나 공유 가능한 메모리
    p2m_ram_broken = 14,          // 깨어진 페이지, 접근 시 도메인 충돌
} p2m_type_t;

...
```

PoD 이외에도 Xen은 게스트의 메모리 페이지에 다양한 속성을 부여할 수 있다. 이때 열거^{enum}형으로 선언된 p2m_type_t는 P2M 페이지 테이블의 남는 공간에 이 정보를 저장해둔다. 예를 들어 p2m_ram_rw는 읽고 쓰기가 가능한 일반적인 게스트 운영체제 메모리 페이지 대부분을 나타낸다. p2m_ram_logdirty는 마이그레이션^{migration} 등에서 더티 페이지$^{dirty\ page}$를 추적하려고 사용하는 log-dirty 모드에서[02] 사용하고, 잠시 읽기 전용으로 변경한 게스트 운영체제의 페이지를 나타낸다. p2m_mmio_*는 I/O 관련 페이지를 나타내며 p2m_grant_map_*는 grant 매핑과 관련된 페이지고, grant 메커니즘은 도메인 사이의 통신 때문에 공유 메모리나 메모리를 서로 주고받을 때 사용한다. 32비트 페이지 테이블 엔트리는 남는 비트가 총 세 개밖에 없으므로 여덟 개 이상의 타입을 지정할 수 없다. 하지만 64비트 테이블 엔트리에는 남는 비트가 더 많다. 따라서 64비트에서는 추가로 페이지 교환$^{page\ swapping}$이나 페이지 공유$^{page\ sharing}$ 같은 기능을 지원할 수 있다. 이를 p2m_type_t 열거형 9번~13번에서 나타낸다.

---

02 라이브 마이그레이션(Live migration)에서 Xen은 게스트 운영체제가 어떤 메모리에 쓰기 연산을 했는지 추적할 필요가 있다. 이때 Xen은 잠시 게스트 메모리를 모두 읽기 전용으로 만들고 쓰기 폴트(write fault)를 발생시켜 더티 페이지를 추적한다.

코드 4-5 p2m 변환 함수 1 〈($XEN)/xen/include/asm-x86/p2m.h〉

```
...

// 현재 도메인의 P2M 테이블에서 MFN을 가져온다. PoD 페이지를 할당하지 않는다.
static inline mfn_t gfn_to_mfn_type_current(struct p2m_domain *p2m,
                                            unsigned long gfn, p2m_type_t *t,
                                            p2m_access_t *a,
                                            p2m_query_t q)
{
    return p2m->get_entry_current(p2m, gfn, t, a, q);
}


static inline mfn_t
gfn_to_mfn_type_p2m(struct p2m_domain *p2m, unsigned long gfn,
                                           p2m_type_t *t, p2m_query_t q)
{
    p2m_access_t a = 0;

    // p2m_domain의 get_entry 메서드를 호출해 mfn을 반환한다.
    return p2m->get_entry(p2m, gfn, t, &a, q);
}


// 일반화된 GFN → MFN 변환 함수
static inline mfn_t _gfn_to_mfn_type(struct p2m_domain *p2m,
                                     unsigned long gfn, p2m_type_t *t,
                                     p2m_query_t q)
{
    mfn_t mfn;
    p2m_access_t a;

    // P2M 변환을 할 필요가 없을 때
    if(!p2m || !paging_mode_translate(p2m->domain)) --- ❶
    {
```

```
            *t = p2m_ram_rw;
            mfn = _mfn(gfn);
        }


        // P2M 변환을 하려는 도메인이 현재 도메인인가?
        else if(likely(current->domain == p2m->domain)) --- ❷
            mfn = gfn_to_mfn_type_current(p2m, gfn, t, &a, q);


        else
            mfn = gfn_to_mfn_type_p2m(p2m, gfn, t, q);

#ifdef __x86_64__
        // 깨어진 페이지(p2m_ram_broken)
        if(unlikely((p2m_is_broken(*t))))
        {
            // 호출자의 접근을 막으려고 유효하지 않은 MFN을 반환한다.
            mfn = _mfn(INVALID_MFN);
            if(q == p2m_guest)
                domain_crash(p2m->domain);
        }
#endif

        return mfn;
}


#define gfn_to_mfn(p2m, g, t) _gfn_to_mfn_type((p2m), (g), (t), p2m_alloc)
#define gfn_to_mfn_query(p2m, g, t) _gfn_to_mfn_type((p2m), (g), (t), p2m_query)
#define gfn_to_mfn_guest(p2m, g, t) _gfn_to_mfn_type((p2m), (g), (t), p2m_guest)

...
```

```
...
static mfn_t
p2m_gfn_to_mfn(struct p2m_domain *p2m, unsigned long gfn,
               p2m_type_t *t, p2m_access_t *a, p2m_query_t q)
{
    mfn_t mfn;
    paddr_t addr = ((paddr_t)gfn) << PAGE_SHIFT;  --- ❸
    l2_pgentry_t *l2e;
    l1_pgentry_t *l1e;

    ASSERT(paging_mode_translate(p2m->domain));
    *t = p2m_mmio_dm;
    *a = p2m_access_rwx;
    mfn = pagetable_get_mfn(p2m_get_pagetable(p2m));  --- ❹

    if(gfn > p2m->max_mapped_pfn)
        return _mfn(INVALID_MFN);

#if CONFIG_PAGING_LEVELS >= 4
    {
        l4_pgentry_t *l4e = map_domain_page(mfn_x(mfn));  --- ❺
        l4e += l4_table_offset(addr);
        if((l4e_get_flags(*l4e) & _PAGE_PRESENT) == 0)
        {
            unmap_domain_page(l4e);
            return _mfn(INVALID_MFN);
        }
        mfn = _mfn(l4e_get_pfn(*l4e));
        unmap_domain_page(l4e);
    }
```

　　　　　　　　　　　　　　　　　　　　　　　　　　　　4장 주소 변환 체계

```
#endif

...

    l1e = map_domain_page(mfn_x(mfn));
    l1e += l1_table_offset(addr);
pod_retry_l1:
    if((l1e_get_flags(*l1e) & _PAGE_PRESENT) == 0) --- ❻
    {
        // PoD이면 메모리를 할당한다.
        if(p2m_flags_to_type(l1e_get_flags(*l1e))
                        == p2m_populate_on_demand)  --- ❼
        {
            if(q != p2m_query) {
                if(!p2m_pod_check_and_populate(p2m, gfn,
                                        (l1_pgentry_t *)l1e, 0, q))
                    goto pod_retry_l1;
            } else
                *t = p2m_populate_on_demand;
        }

        unmap_domain_page(l1e);
        return _mfn(INVALID_MFN);
    }
    mfn = _mfn(l1e_get_pfn(*l1e));
    *t = p2m_flags_to_type(l1e_get_flags(*l1e)); --- ❽
    unmap_domain_page(l1e);

    ASSERT(mfn_valid(mfn) || !p2m_is_ram(*t));
    return (p2m_is_valid(*t) || p2m_is_grant(*t)) ? mfn : _mfn(INVALID_MFN); --- ❽
}

...
```

코드 4-5와 코드 4-6은 Xen 코드 전반에서 사용되는 gfn_to_mfn 매크로에 대한 소스 코드다. gfn_to_mfn은 _gfn_to_mfn_type() 함수를 호출하며, _gfn_to_mfn_type은 p2m_query_t를 추가 인자로 받는다.

p2m_type_t *t는 읽은 mfn의 메모리 타입(코드 4-4)을 기록한다. _gfn_to_mfn_type() 함수를 호출할 때 p2m_query_t에 p2m_alloc을 넣으면 해당 페이지가 아직 할당되어 있지 않을 경우(PoD) 메모리를 추가로 할당하라는 의미다. 또한 _gfn_to_mfn_type 함수의 ①에서 p2m 값이 null이거나 paging_mode_translate() 함수가 null이면, P2M 변환을 하지 않고 그냥 gfn을 mfn 변수에 할당해서 반환한다. 즉, Xen에서 P2M 변환을 할 필요가 없다면 그냥 gfn으로 넘어온 값을 그대로 반환하게 된다.

②에서는 현재 변환하려는 매핑에 해당하는 도메인이 현재 동작하는 도메인인지 지를 검사한다. 현재 동작하는 도메인의 P2M 변환이라면 gfn_to_mfn_type_current() 함수를 호출하고, 그렇지 않으면 gfn_to_mfn_type_p2m() 함수를 호출한다. 현재 도메인이라는 의미는 이 소스 코드가 동작하는 CPU에서 바로 이전에 동작하던 도메인을 의미한다.

gfn_to_mfn_type_p2m() 함수는 p2m_domain에 설정한 get_entry 메서드를 호출하는데, 이는 코드 4-6의 p2m_gfn_to_mfn() 함수로 설정되어 있다. get_entry를 호출하는 도메인이 하드웨어 지원 페이징을 사용한다면 get_entry는 ept_get_entry() 함수로 설정한다. 하지만 하드웨어 지원 페이징에 관해서는 7장에서 자세하게 다룰 예정이므로 지금은 p2m_gfn_to_mfn() 함수를 먼저 살펴보도록 하자.

③은 변환하려는 gfn을 addr로 변환한다. 단순히 gfn을 PAGE_SHIFT(4KB 페이지라면 12)만큼 왼쪽으로 이동shift하면 된다. 이제부터 얻어낸 주소로 P2M 페이지 테이블 워킹walking을 해서 최종 변환된 mfn 주소를 얻어내면 된다.

페이지 테이블을 워킹하려면 ④ 코드로 P2M 최상위 페이지 테이블의 페이지 번호를 얻어내야 한다. 그리고 얻어낸 mfn을 인자로 map_domain_page() 함수를 호출하여 L4 페이지 테이블 시작 주소를 얻어온다(⑤). L4 페이지 테이블 시작 주소에서는 오프셋을 더하여 L4 페이지 테이블 엔트리를 l4e 포인터에 설정한다. 이제 l4e를 통해서 P2M L4 페이지 테이블 엔트리에 접근할 수 있다. l4e로부터 addr에 해당하는 L3 페이지 테이블의 페이지 번호를 알아내고 이를 통해 다시 L2, 끝으로 L1 페이지 테이블의 페이지 번호를 알아낸다.

최종적으로 L1페이지 테이블 엔트리인 l1e를 알아내고, ⑥을 통해서 l1e에서 flags를 검사해 현재 페이지가 할당되어 P2M 페이지 테이블에 매핑되었는지 확인한다. 앞서 페이지 테이블 엔트리의 여유 공간에 p2m_type_t 열거형 변수를 저장해 둔다고 설명했다. 따라서 p2m_type_t 타입이 p2m_populate_on_demand(⑦)였다면, 메모리를 할당하고, 얻어낸 p2m_type_t을 반환하고 요청한 mfn도 반환한다(⑧).

지금까지 기본적인 p2m_domain 구조체와 가장 기본적인 gfn_to_mfn 매크로를 살펴봤다. 여기까지 모두 이해했으면 더 구체적인 부분은 스스로 충분히 분석할 수 있으리라 생각하고 독자의 몫에 맡긴다.

5 | 직접 페이징

2장에서 직접 페이징^{Direct Paging}과 섀도 페이징을 간략히 소개했다. 5장에서는 직접 페이징을 더 구체적으로 알아보자.

5.1 페이지 테이블 수정

직접 페이징에서는 하드웨어 MMU가 직접 게스트 운영체제의 페이지 테이블을 참조해 주소 변환 작업을 실행하므로, 게스트 운영체제의 페이지 테이블 엔트리에는 물리 주소가 아닌 머신 주소를 저장해야 한다. 따라서 게스트 운영체제와 페이지 테이블을 구축하는 소스 코드 부분을 수정해서 적절히 머신 주소를 자신의 페이지 테이블에 저장하도록 해야 한다.

이때 Xen의 게스트 운영체제는 하이퍼 콜을 사용해 하이퍼바이저에게 필요한 곳의 페이지 테이블을 수정하라고 요청한다. 그러면 하이퍼 콜 요청을 받은 하이퍼바이저는 요청이 적합한지 아닌지를 검사하며, 수락할 수 있는 페이지 테이블 수정이면, 받아들이고 그렇지 않으면 요청은 실패한다.

또한 하이퍼바이저가 실행하는 검증 과정에는 게스트 운영체제가 요청한 머신 주소가 실제 게스트 운영체제에 할당한 메모리인지, 시스템 전체 메모리의 범위를 벗어나지는 않는지 등의 유효성 검사를 하며, 이를 통해 악의적인 게스트를 통한 시스템 오작동을 방지한다.

코드 5-1 페이지 테이블 수정 하이퍼 콜 1 ⟨($LINUX/arch/x86/include/asm/xen/hypercall.h⟩

```
...
static inline int
HYPERVISOR_mmu_update(struct mmu_update *req, int count,
```

```
                     int *success_count, domid_t domid)
{
    return _hypercall4(int, mmu_update, req, count, success_count, domid);
}


...

static inline int
HYPERVISOR_update_va_mapping(unsigned long va, pte_t new_val,
                             unsigned long flags)
{
    if(sizeof(new_val) == sizeof(long))
        return _hypercall3(int, update_va_mapping, va,
                           new_val.pte, flags);
    else
        return _hypercall4(int, update_va_mapping, va,
                           new_val.pte, new_val.pte >> 32, flags);
}


...
```

코드 5-2 페이지 테이블 수정 하이퍼 콜 2

⟨($LINUX)/include/xen/interface/xen.h , ($XEN)/include/public/xen.h⟩

```
...

struct mmu_update {
    uint64_t ptr;      // PTE의 머신 주소
    uint64_t val;      // PTE의 새로운 값
};


...
```

HYPERVISOR_mmu_update()는 게스트 운영체제가 하이퍼바이저에게 페이지 테이블 수정을 요청할 때 사용하는 함수다. struct mmu_update 구조체 배열을 인자로 전달하는데, 여기에는 수정할 페이지 테이블 엔트리의 주소(ptr)와 수정할 엔트리 값(val)이 들어간다. 그리고 val에는 pfn이 아닌 mfn이 들어간다. 나중에 설명하겠지만, Xen에서 반가상화 기법을 사용할 때, 게스트 운영체제는 P2M 매핑 정보를 알기 때문에 직접 pfn을 mfn으로 변환할 수 있다.

여러 개 페이지 테이블 엔트리를 수정할 때는 한 번의 하이퍼 콜 호출로 처리하는 것이 효율적이다. 이럴 때는 HYPERVISOR_mmu_update() 하이퍼 콜에 수정할 페이지 테이블 엔트리 개수count를 전달하여 페이지 테이블 엔트리 다수를 수정한다. 반면에 페이지 테이블 엔트리 하나만 수정할 때는 HYPERVISOR_update_va_mapping() 하이퍼 콜을 사용한다.

5.2 페이지 테이블 고정

페이지 테이블 고정Page table Pinning이란, 게스트 운영체제가 Xen에게 '이 페이지는 페이지 테이블 용도로 사용되는 페이지'라고 알려주는 것이다. 이는 반드시 요구하는 사항은 아니나 게스트 운영체제를 Xen에서 포팅할 때, 성능을 향상시키는 최적화 방법의 하나다.

페이지 테이블 전용 페이지 검증에는 많은 부하가 걸린다. 32비트 머신은 페이지 테이블 하나에 총 1,024개(4KB/4B)의 엔트리가 있고, 모든 엔트리를 순회해 엔트리가 가리키는 머신 주소가 유효한지를 검사해 유효성 여부를 판단한다. 게스트 운영체제가 하이퍼 콜을 사용해 페이지 테이블을 고정하면, 고정 해제unpin하기 전까지 이 페이지는 다른 용도로 사용되지 않는다. 즉, 하이퍼 콜을 제외한 다른 이유로 변경되지 않음을 뜻한다. 따라서 어떤 페이지가 고정되었고 이전에 검증validation을 거친 상태라면 재검증revalidation 작업을 할 필요가 없다.

예를 들어 프로세스의 컨텍스트 스위치를 생각해 보자. 컨텍스트 스위치 시 게스트 운영체제는 MMU가 다른 프로세스의 페이지 테이블을 가리키도록 CR3 레지스터를 변경한다. 이때 Xen은 반드시 새롭게 MMU가 가리키는 페이지 테이블을 검증해야 한다.

하지만 페이지 테이블 고정 기법으로 다른 용도로 사용하지 않았고 변경도 하지 않았다는 점이 보장되면, 굳이 재검증 작업을 거칠 필요가 없다. 따라서 게스트 운영체제는 보통 페이지 테이블을 구축할 때 해당 페이지를 읽기 전용으로 만들고 (HYPERVISOR_update_va_mapping), 고정(HYPERVISOR_mmuext_op)한다.

코드 5-3과 코드 5-4에는 관련 하이퍼 콜이 있다. 구조체 mmuext_op의 cmd 멤버 변수를 MMUEXT_PIN_L1~L4로 설정하고 하이퍼 콜을 호출하면 된다. 이 외에도 TLB 무효화 관련(MMUEXT_TLB_FLUSH), 캐시 플러시 관련(MMUEXT_FLUSH_CACHE) 등 다양하고 유용한 하이퍼 콜 명령이 있다.

코드 5-3 페이지 테이블 고정 하이퍼 콜 1 ⟨($LINUX/arch/x86/include/asm/xen/hypercall.h⟩

```
...
static inline int
HYPERVISOR_mmuext_op(struct mmuext_op *op, int count,
                    int *success_count, domid_t domid)
{
    return _hypercall4(int, mmuext_op, op, count, success_count, domid);
}

...
```

```
...
#define MMUEXT_PIN_L1_TABLE      0
#define MMUEXT_PIN_L2_TABLE      1
#define MMUEXT_PIN_L3_TABLE      2
#define MMUEXT_PIN_L4_TABLE      3
#define MMUEXT_UNPIN_TABLE       4
#define MMUEXT_NEW_BASEPTR       5
#define MMUEXT_TLB_FLUSH_LOCAL   6
#define MMUEXT_INVLPG_LOCAL      7
#define MMUEXT_TLB_FLUSH_MULTI   8
#define MMUEXT_INVLPG_MULTI      9
#define MMUEXT_TLB_FLUSH_ALL     10
#define MMUEXT_INVLPG_ALL        11
#define MMUEXT_FLUSH_CACHE       12
#define MMUEXT_SET_LDT           13
#define MMUEXT_NEW_USER_BASEPTR 15
#define MMUEXT_CLEAR_PAGE        16

#ifndef __ASSEMBLY__
struct mmuext_op {
    unsigned int cmd;
    union {
        unsigned long mfn;
        unsigned long linear_addr;
    } arg1;
    union {
        unsigned int nr_ents;
        void *vcpumask;
    } arg2;
```

```
};
DEFINE_GUEST_HANDLE_STRUCT(mmuext_op);
#endif
```

...

5.3 쓰기 가능한 페이지 테이블

게스트 운영체제를 Xen에 포팅하는 관점으로 생각했을 때, 모든 소스 코드를 하이퍼 콜로 수정하는 작업은 어려운 작업이다.

직접 페이징으로 게스트 운영체제를 포팅하려면 두 가지 하이퍼 콜을 사용하며, 페이지 테이블 수정 코드는 HYPERVISOR_mmu_update 하이퍼 콜로, TLB 플러시 하는 코드는 HYPERVISOR_mmuext_op 하이퍼 콜로 모두 대체해야 한다.

그런데 리눅스에서는 게스트 운영체제의 너무 많은 부분을 고쳐야 하는 어려운 작업이었으므로 부담이 있었다고 한다. 따라서 좀 더 효율적으로 운영체제가 Xen에서 동작하게 하려고 고안하려는 시도가 있었다. 이 시도의 결과가 바로 쓰기 가능한 페이지 테이블^{Writable Page table}이다.

즉, 게스트 운영체제가 HYPERVISOR_vm_assist 하이퍼 콜을 사용해 쓰기 가능한 페이지 테이블로 동작하게끔 하이퍼바이저에게 요청하면 된다. 그러면 하이퍼바이저는 요청을 받아쓰기 가능한 페이지 테이블을 활성화하고 다음과 같은 방식으로 동작한다.

그림 5-1 쓰기 가능한 페이지 테이블

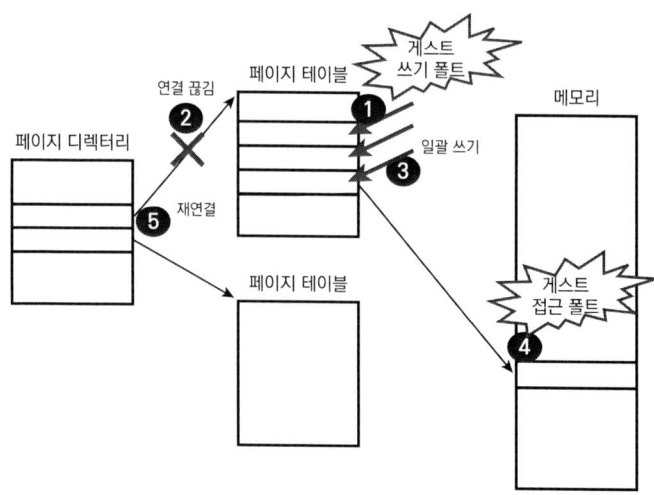

쓰기 가능한 페이지 테이블이 어떻게 동작하는지 살펴보자. 앞에서 살펴보았듯이 페이지 테이블을 구축하면 해당 페이지는 read-only가 되고, 게스트 운영체제는 수정할 수 없게 된다. 따라서 게스트 운영체제가 페이지 테이블 엔트리를 수정하려 하면 페이지 폴트가 발생하고 하이퍼바이저가 제어권을 넘겨받는다.

이 과정을 정리하면 다음과 같다.

1. 페이지 테이블 엔트리 수정 시도 → 페이지 폴트 발생
2. 해당하는 페이지 테이블 전용 페이지를 가리키고 있었던 페이지 디렉터리 엔트리가 무효화 되고, 페이지 테이블은 페이지 디렉터리와 연결을 끊는다. 그다음 페이지를 쓰기 가능하게 만든다.
3. 게스트 운영체제는 페이지 테이블을 다량 수정batched update 한다.
4. 게스트 운영체제가 수정한 페이지 테이블 엔트리가 가리키는 주소에 게스트 운영체제가 접근하면 페이지 폴트가 발생한다.

5. 하이퍼바이저는 연결이 끊겼던 페이지를 검증하고, 유효하다면 페이지 테이블을 다시 페이지 디렉터리에 연결한다. 그리고 게스트 운영체제는 실행을 재개한다.

이렇게 쓰기 가능한 테이블을 사용하면, 게스트 운영체제가 하이퍼 콜을 사용하지 않고 페이지 테이블을 직접 수정할 수 있다. 이는 페이지 테이블을 수정하는 모든 부분을 하이퍼 콜로 대체하는 이전 방식과 비교하면 소스 코드를 수정하는 작업이 한결 수월해진다.

6 | 섀도 페이지 테이블

2장에서 섀도 페이지 테이블Shadow Page Table, SPT을 소개했었다. 6장에서는 섀도 페이지 테이블 개념과 메커니즘을 좀 더 자세히 알아보고, 소스 코드에 기반을 둔 Xen의 섀도 페이지 테이블 구현을 알아본다. 필자는 개인적으로 섀도 페이지 테이블 구현의 이해가 가상화 기술 전체를 이해하는 데 많은 도움이 된다고 생각한다.

물론 중첩 페이지 테이블Nested Page Table과 같은 하드웨어의 지원이 이미 존재하므로 현재는 섀도 페이지 테이블을 굳이 사용하지 않아도 된다. 하지만 섀도 페이지 테이블을 이해하는 일은 운영체제가 가상 메모리를 어떻게 다루는지에 대한 깊은 이해를 동반해야 하므로, 운영체제와 가상화 시스템을 이해하는 데 가장 좋은 부분이 아닐까 생각한다.

6.1 요구 페이징

섀도 페이지 테이블의 기본 동작을 이해하는 데는 요구 페이징Demand Paging의 기본 개념을 이해하는 일이 매우 큰 도움이 된다. 따라서 요구 페이징의 내부를 먼저 살펴보겠다. 요구 페이징은 컴퓨터 시스템이 가상 메모리를 사용하면서 운영체제가 누리는 가장 좋은 이점의 하나다. 리눅스와 윈도우를 포함한 현대의 운영체제는 모두 요구 페이징을 사용하며, 이를 통해 메모리의 효율성을 극대화한다.

요구 페이징은 프로세스에 필요한 모든 메모리를 초기에 할당하는 것이 아니고, 프로세스가 요청할 때만 해당 메모리를 할당하는 방식으로 동작한다. 그림 6-1은 리눅스 셸shell에서 top 명령을 실행했을 때의 출력물이다. 여기서 VIRT 열은 해당 프로세스에 할당한 가상 메모리 영역의 크기를 KB단위로 나타내고, RES는 가상 메모리 영역 중 실제로 물리 메모리를 할당한 크기를 나타낸다.

그림 6-1 Top 명령

```
  PID USER        PR   NI   VIRT   RES   SHR  S  %CPU  %MEM     TIME+   COMMAND
26287 eunbyung    20    0  21460  1364  1000  R     3   0.0   0:00.03  top
    1 root        20    0  24176  2152  1292  S     0   0.0   0:00.73  init
    2 root        20    0      0     0     0  S     0   0.0   0:00.02  kthreadd
    3 root        20    0      0     0     0  S     0   0.0   0:14.34  ksoftirqd/0
    6 root        RT    0      0     0     0  S     0   0.0   0:00.00  migration/0
    7 root        RT    0      0     0     0  S     0   0.0   0:00.00  migration/1
    9 root        20    0      0     0     0  S     0   0.0   0:01.86  ksoftirqd/1
```

리눅스는 프로그램을 실행할 때, mmap 시스템 콜을 사용해서 ELF 포맷의 바이너리 파일을 프로세스의 가상 주소 공간과 매핑한다. 또한 해당 프로세스가 의존하는 공유 라이브러리 역시 mmap 시스템 콜을 사용해서 가상 주소 공간에 매핑한다.

이때 디스크에서 프로그램 바이너리 파일을 읽어오는 것이 아니다. 실제 프로세스가 접근했을 때 페이지 폴트Page Fault를 발생시켜서, 페이지 폴트 핸들러가 디스크에서 바이너리 일부(페이지 크기)를 읽어온 뒤 메모리에 적재하고 프로세스를 재개하는 방식으로 동작한다. 마찬가지로 프로세스를 실행하면서 malloc() 함수 등으로 메모리를 할당하더라도 실제 물리 메모리 공간을 할당하지 않는다. 프로세스가 사용하는 메모리 공간은 프로세스가 접근할 때만 페이지 폴트 핸들러에서 실제 메모리를 할당한다.

따라서 그림 6-1 top 프로세스 VIRT의 21,460KB는 프로세스의 바이너리와 의존 관계가 있는 공유 라이브러리 모두를 합한 크기를 나타내며, RES의 1,364KB는 프로세스가 실행하면서 실제로 사용 중인 메모리 크기를 나타낸다.

일반적으로 프로세스 대부분은 애플리케이션의 모든 코드 및 데이터 영역을 사용하는 일은 거의 없고 극히 일부만 사용한다. 따라서 요구 페이징은 메모리 공간 효율성이라는 측면에서 아주 중요한 역할을 한다. 그렇다면 이제 요구 페이징을 운영체제 관점에서 어떻게 구현하는지 알아보자.

그림 6-2 페이지 테이블 엔트리

31	12	11	9	8	7	6	5	4	3	2	1	0
물리 페이지 기본 주소		AVL	G	P A T	D	A	P C D	P W T	U / S	R / W	P

다행히 가상 메모리를 구현하는 페이지 테이블 엔트리Page Table Entry에는 요구 페이징을 구현할 수 있게 P^{Present} 비트가 추가되어 있다. 운영체제에서 P 비트를 1로 설정하면, 현재 페이지 테이블 엔트리에 해당하는 가상 주소 공간에 실제 물리 메모리를 할당했음을 의미하고, 0으로 설정했으면 그렇지 않다는 것을 의미한다. 따라서 P 비트가 0일 때 해당 가상 주소 공간에 프로세스가 접근하면 페이지 폴트가 발생하고 운영체제는 페이지 폴트 핸들러로 적절한 처리를 할 수 있다.

그럼 그림 6-3에서 TLB와 페이지 테이블, 그리고 운영체제 관점에서 요구 페이징 과정을 자세히 알아보자.

그림 6-3 TLB, 페이지 테이블, 요구 페이징

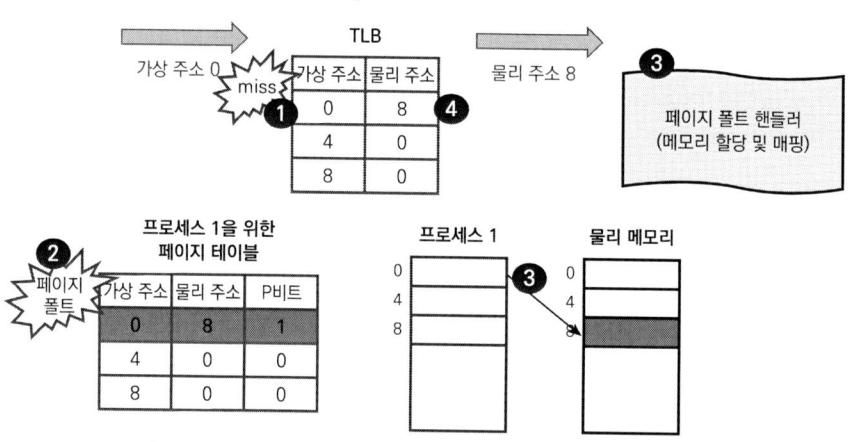

앞서 설명했듯이 가상 주소는 페이지 테이블이라는 변환 테이블을 통해 물리 주소로 변경된다. 이때 페이지 테이블을 캐싱하는 TLB라는 캐시 메모리가 있고, CPU가 메모리에 접근할 때는 가장 먼저 TLB 엔트리를 검색한다. 먼저 어떤 프로세스가 가상 주소 0번에 접근했다고 하자. 최초 접근 시 TLB 엔트리에는 아무것도 저장되어 있지 않으므로 TLB miss가 발생한다. 그리고 TLB miss가 발생하면 CPU는 자동으로 메모리에 있는 페이지 테이블 엔트리를 TLB로 가져오려 할 것이다. 하지만 요구 페이징에서는 최초에 메모리를 할당하지 않기 때문에, 페이지 테이블의 엔트리 P 비트는 0으로 설정되어 있다. 따라서 CPU는 자동으로 페이지 폴트를 발생시킨다.

페이지 폴트가 발생하면 운영체제의 페이지 폴트 핸들러가 동작한다. 페이지 폴트 핸들러에서는 물리 메모리를 할당하고, 페이지 테이블 엔트리에 할당한 물리 주소 8번을 작성한다. 그리고 페이지 테이블 엔트리의 P 비트를 1로 설정해서 페이지 폴트가 발생한 가상 주소 0번에 해당하는 물리 메모리가 실제로 할당되었음을 알려준다. 메모리 할당과 매핑을 마치면 다시 이전에 페이지 폴트가 발생한 순간부터 프로세스가 재개된다. 그러면 페이지 테이블의 가상 주소 0에 해당하는 물리 주소 8이라는 유효한 매핑이 있으므로, 페이지 테이블 엔트리 내용은 TLB에 전달되고 CPU는 물리 주소 8에 접근하게 된다.

6.2 TLB 에뮬레이션

2장에서 가상 주소, 물리 주소, 머신 주소를 알아보았고, 섀도 페이지 테이블에는 가상 주소에서 물리 주소로 변환하는 것이 아닌 가상 주소에서 머신 주소로 변환하는 것에 대한 정보가 있음을 알아보았다. 일단 이 정도의 기본 지식으로 '6.1 요구 페이징'에서 설명한 요구 페이징이 가상화 환경에서 어떻게 이루어지는지 알아보겠다.

메모리를 가상화한다는 것은 결국 CPU가 최종적으로 가상 주소를 물리 주소로 변환하는 데 사용하는 TLB를 가상화하는 것과 같은 의미다. TLB는 시스템 전체 관점으로 바라볼 때 하나고 가상 주소와 물리 주소 사이의 변환을 나타내는 데 사용한다. 이 TLB를 마치 게스트마다 각각의 TLB가 존재하도록 가상화하여 각 게스트마다 가상 주소와 머신 주소 사이를 변환한다.

그림 6-4 TLB 에뮬레이션 처리 과정 1(초기 상태)

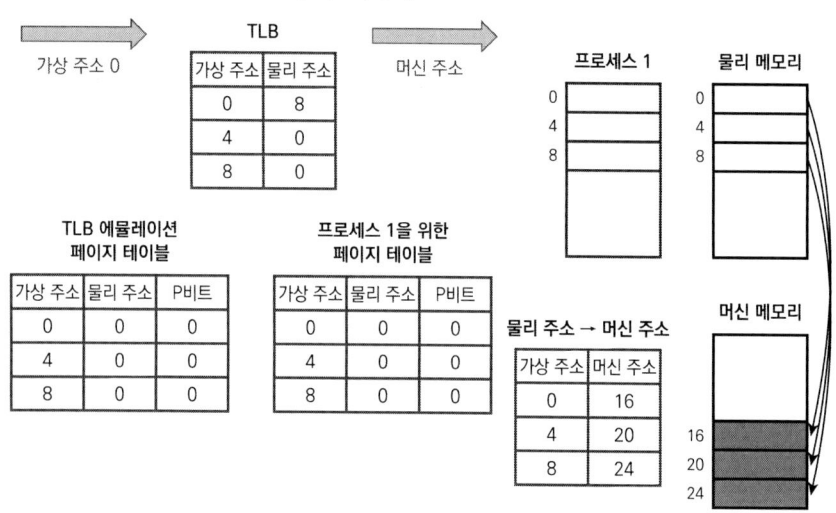

그림 6-4는 앞서 설명한 요구 페이징에서 TLB를 가상화하기 위해 추가로 필요한 자료 구조의 초기 상태를 그림으로 나타낸 것이다. 일단 TLB와 페이지 테이블 모두 초기 상태로 존재하며 프로세스 1은 현재 가상 주소 0에 대해 메모리 접근을 시도한다. 현재 하이퍼바이저는 가상 머신에 머신 주소 16, 20, 24에 대해 메모리를 할당한 상태고, 가상 머신은 이들을 각각 물리 주소 0, 4, 8로 알고 있다. 'PA → MA 테이블'이 이런 정보를 유지하는 자료 구조며, 보통 하이퍼바이저가 가상 머신에게 메모리를 할당할 때 만들고 유지한다. 또한 게스트 운영체제의 프로세스 1을 위한 페이지 테이블이 있고, 페이지 테이블 기본 레지스터(CR3)는 TLB 에뮬레이션 페이지 테이블Emulated TLB Page Table의 시작 주소를 참조한다.

6장 섀도 페이지 테이블

그림 6-5는 가상 주소 0에 접근하는 TLB 에뮬레이션 처리 과정을 보여준다. 우선 초기 상태에서는 가상 주소 0에 대한 TLB 엔트리가 비어 있으므로 TLB miss(①)가 발생하고 CPU는 현재 참조하는 페이지 테이블인 TLB 에뮬레이션 페이지 테이블의 엔트리를 확인한다. 확인하면 현재 엔트리가 비어 있으므로 페이지 폴트가 발생(②)하고 하이퍼바이저의 페이지 폴트 핸들러가 실행된다.

Xen에서 섀도 페이지 테이블은 전가상화 도메인, 즉 HVM^Hardware Assistant Virtual Machine에 사용하므로, VM Exit가 발생하며 VM Exit 핸들러를 호출한다. 또한 반가상화 도메인에서도 라이브 마이그레이션 같은 용도로 섀도 페이지 테이블을 사용하기도 한다. 이때는 VM Exit 핸들러가 아니라 하이퍼바이저의 페이지 폴트 핸들러를 호출한다.

그림 6-5 TLB 에뮬레이션 처리 과정 2

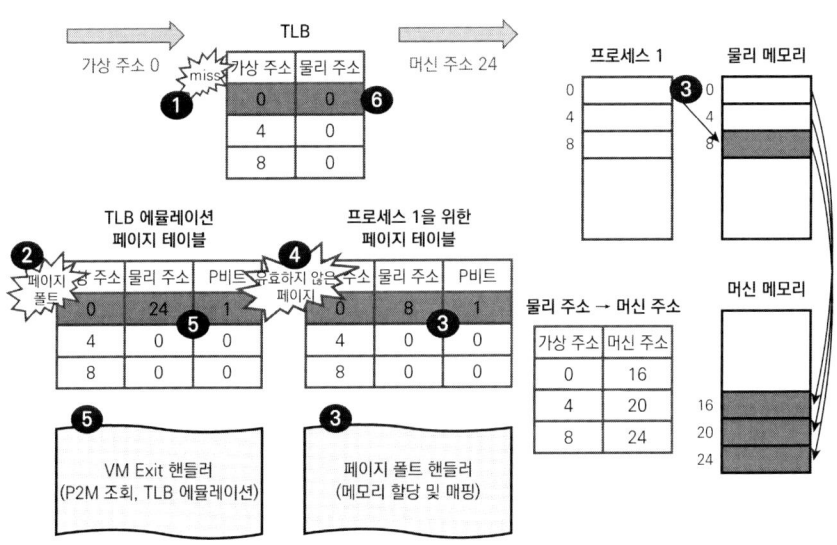

어쨌든 하이퍼바이저는 TLB 에뮬레이션 페이지 테이블의 엔트리가 비어있음을 확인하고, 게스트 운영체제의 프로세스 1을 위한 페이지 테이블을 검색한다.[01]

또한 프로세스 1이 사용하는 페이지 테이블에서 가상 주소 0에 대한 엔트리의 P 비트가 0이면, 게스트 운영체제가 실제로 페이지를 할당하지 않은 경우다. 이 경우라면 가상화 환경이 아니더라도 페이지 폴트를 발생시키는 진짜 페이지 폴트라고 생각할 수 있다.

P 비트가 1이라면 히든 폴트hidden fault라고 부르는 가짜 페이지 폴트다. 즉, 가상화 환경이 아니라면 발생하지 않았을 페이지 폴트로, 이는 게스트 운영체제의 페이지 테이블과 TLB 에뮬레이션 페이지 테이블과의 불일치 때문에 발생한다. 우리는 여기서 진짜 페이지 폴트라고 가정하고 게스트 운영체제에 제어권을 넘겨줄 것이다. 이는 게스트 운영체제의 페이지 폴트 핸들러가 실행되어야 하기 때문이다.

따라서 페이지 폴트를 게스트 운영체제에 주입[02]시키고, 게스트 운영체제의 페이지 폴트 핸들러(③)의 루틴으로 분기한다. 그러면 페이지 폴트 핸들러는 앞선 요구 페이징 때와 마찬가지로 메모리 페이지를 할당하고 해당 페이지 테이블 엔트리에 가상 주소와 물리 주소 사이의 변환 정보를 작성하고 P 비트를 1로 설정한다.

운영체제는 페이지 테이블을 수정한 뒤 항상 TLB를 플러시 하는 명령어를 실행해야 한다. 왜냐하면 페이지 테이블을 수정하면 페이지 테이블과 TLB 사이에 불일치가 일어나, 뒤에 해당 가상 주소에 접근했을 때 TLB에 갱신하지 않은 내용이 남아있으면 잘못된 물리 주소로 접근할 수 있기 때문이다. 따라서 x86 아키텍처는 TLB를 무효화하는 명령어를 제공하고, 운영체제는 페이지 테이블을 수정했으므로

---

01 하이퍼바이저는 게스트 운영체제에서 페이지 테이블로 사용하는 메모리 페이지를 알 수 있다. CR3 레지스터를 변경하는 것은 VM exit을 발생시키고, 하이퍼바이저는 제어권을 넘겨받아 페이지 테이블 워킹(walking)을 통해 각 단계 페이지 테이블의 페이지를 알 수 있다.

02 인텔 VT-x는 예외 주입(Exception Injection)을 통해, 게스트 운영체제에 페이지 폴트를 전달할 수 있다.

6장 섀도 페이지 테이블

TLB 무효화 명령어를 실행한다(④). TLB 무효화 명령어는 특권 명령이고, HVM 환경에서 VM exit가 발생하므로 항상 하이퍼바이저가 제어권을 넘겨받을 수 있다. 따라서 다시 제어권이 하이퍼바이저에 돌아오며 하이퍼바이저의 VM Exit 핸들러를 실행한다(⑤).

또한 하이퍼바이저는 게스트 운영체제가 페이지 테이블을 수정했다는 사실을 알게 되므로 게스트 운영체제의 페이지 테이블을 조사해서 가상 주소에서 물리 주소로의 변환을 알아낸다. 이와 더불어 'PA → MA 테이블'을 조사해 TLB 무효화 명령을 실행한 게스트의 TLB 에뮬레이션 페이지 테이블에 VA → MA 변환 정보를 작성한다. 여기서는 가상 주소 0이 머신 주소 24가 되고, 동시에 P 비트도 1로 설정한다.

결국 TLB에는 가상 주소 0에 해당하는 엔트리에 24가 전달(⑥)되고 프로세스 1은 물리 주소 24에 접근한다.

6.3 TLB 에뮬레이션의 문제점

위와 같이 매우 복잡한 과정이 실제로 이루어지고 있다는 사실이 놀랍지 않은가? 아무튼 TLB를 가상화함으로써 가상 주소를 머신 주소로 변환할 수 있다.

하지만 위 방법은 운영체제의 컨텍스트 스위치에 심각한 성능상의 문제가 있다. 왜냐하면 컨텍스트 스위치가 발생할 때마다 게스트 시스템 전체에서 단 한 개만 존재하는 TLB 에뮬레이션 페이지 테이블을 매번 비워줘야 하기 때문이다. 또한 페이지 테이블은 프로세스마다 하나씩 존재하며 프로세스가 바뀔 때마다 해당 프로세스에 맞는 가상 주소에서 머신 주소로의 변환 정보를 채워줘야 하기 때문이기도 하다.

위에서 진짜 페이지 폴트와 가짜 페이지 폴트를 언급했는데, 진짜 페이지 폴트는 가상화 환경이 아니더라도 발생하는 페이지 폴트이므로 피할 수 없다.

하지만 가짜 페이지 폴트는 TLB 에뮬레이션 페이지 테이블과 게스트 운영체제의 페이지 테이블 사이의 불일치 문제 때문에 발생하며, 컨텍스트 스위치가 발생할 때 TLB 에뮬레이션 페이지 테이블을 모두 비워야 하기 때문에 많은 가짜 페이지 폴트가 발생할 것이다.

이는 심각한 성능 저하가 발생했고, 모든 프로세스마다 TLB 에뮬레이션 페이지 테이블을 각각 따로 유지하는 방법을 제안하기에 이르렀다. 이것이 바로 섀도 페이지 테이블이다.

다시 말해 반드시 모든 프로세스마다 개별적인 섀도 페이지 테이블을 유지할 필요는 없다. 하지만 이렇게 개별로 섀도 페이지 테이블을 모두 유지함으로써, 컨텍스트 스위치마다 발생하는 가짜 페이지 폴트의 발생횟수를 줄여, 비가상화 환경에 성능에 근접하는 성능을 얻고자 한 것이다. 단, TLB 에뮬레이션 페이지 테이블과 달리 섀도 페이지 테이블은 프로세스마다 생성해야 하기 때문에 메모리 공간 효율성은 낮아진다.

그림 6-6은 섀도 페이지 테이블에서의 컨텍스트 스위치를 나타낸다. 게스트 운영체제가 컨텍스트 스위치를 시도할 때는 프로세스의 페이지 테이블과 CR3 레지스터를 변경한다. 그러면 하이퍼바이저는 제어권을 넘겨받아 변경하려는 프로세스의 섀도 페이지 테이블을 참조하도록 CR3 값을 변경한다.

결과적으로 이미 예전에 섀도 페이지 테이블을 유지해왔기 때문에 컨텍스트 스위치가 발생한 뒤에도 가짜 페이지 폴트가 발생하지 않고, 큰 성능 저하 없이 프로세스가 계속 실행될 것이다.

그림 6-6 섀도 페이지 테이블에서의 컨텍스트 스위치

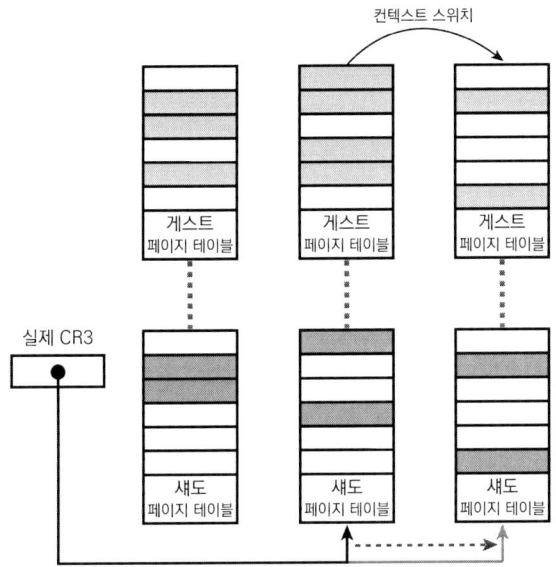

그런데 프로세스별로 섀도 페이지 테이블을 유지하는 일은 그렇게 단순하지 않다. TLB 무효화 명령 때문이다. 앞서 TLB 에뮬레이션 페이지 테이블을 유지할 때는 TLB 무효화 명령을 실행하면 하이퍼바이저가 제어권을 넘겨받아 서로의 일관성을 유지한다고 했다. 이는 전형적인 운영체제의 동작 방식이며 이렇게 TLB를 가상화 하는 데는 아무런 문제가 없다.

하지만 프로세스마다 개별적인 섀도 페이지 테이블을 유지할 때는 문제가 발생한 다. 현재 동작하는 프로세스는 A고, 운영체제가 프로세스 B의 페이지 테이블을 수 정한다고 가정하자.[03] 이때 운영체제는 해당 주소 변환에 TLB 무효화 명령을 실행 하지 않아도 상관없다. 왜냐하면 다음번에 프로세스 B로 컨텍스트 스위치가 발생하

---

03 공유 페이지 등 여러 운영체제 내부 정책에 따라 충분히 발생할 수 있다.

면, 자연적으로 CR3를 변경해 하드웨어적으로 모든 TLB를 무효화하기 때문이다. 이런 상황에서 하이퍼바이저가 섀도 페이지 테이블과 게스트 페이지 테이블 사이의 일관성을 유지하는 데 TLB 무효화 명령에만 의존하면, 프로세스 B의 페이지 테이블을 변경했다는 것을 알 길이 없다. 결과적으로 이는 가상화 시스템이 오동작하는 원인이 된다.

6.4 Xen의 섀도 페이지 테이블 구현

Xen은 섀도 페이지 테이블과 게스트 페이지 테이블 사이의 일관성 문제를 해결하려고 게스트 페이지 테이블에 쓰기 권한을 주지 않는다. 게스트 운영체제가 페이지 테이블을 수정하려고 하면 쓰기 페이지 폴트가 발생해 하이퍼바이저로 제어권이 넘어가게 되고 하이퍼바이저는 둘 사이의 일관성을 해결할 수 있다. 하지만 이렇게 매번 페이지 테이블에 쓰기를 할 때마다 페이지 폴트가 발생하게 되면 많은 성능 저하를 초래한다.

그래서 Xen에서는 처음에 Out-of-Sync 기법을 적용해서 섀도 페이지 테이블을 구현했다. 이는 처음에 모든 게스트 페이지 테이블의 쓰기 권한을 제거한 뒤 게스트 운영체제가 페이지 테이블을 작성하려고 하면, 해당 페이지를 Out-of-Sync로 표기한 다음 다시 쓰기 권한을 부여한다. 다음에 페이지 폴트가 발생하거나 컨텍스트 스위치가 발생하면, Out-of-Sync로 표기했던 페이지들과 게스트 페이지 테이블들과의 동기화를 구현한다. 이렇게 동기화한 페이지들은 다시 쓰기 권한을 제거하고 다음번에 쓰기 페이지 폴트가 발생하게 한다. 이 방식은 한 번에 많은 페이지 테이블 엔트리를 수정하는 경향을 반영한 것이다.[04]

그러나 요구 페이징을 사용하는 운영체제, 특히 윈도우에 심각한 성능 저하가 있었다고 한다. 동기화하는 과정 자체가 매우 부하가 걸리는 작업이고, 요구 페이징에

---

04 프로세스를 생성할 때, 한 번에 많은 페이지 테이블 엔트리를 작성한다.

서는 페이지 폴트가 발생할 때마다 동기화해야 했기 때문이다. 이러한 동기화 과정은 다음과 같이 이루어진다.

1. 메모리 최초 접근 시 게스트 운영체제에서 페이지 폴트가 발생한다. 게스트 운영체제의 페이지 폴트 핸들러는 메모리를 할당하고 매핑하기 위해서 페이지 테이블을 수정하려고 할 것이다(요구 페이징).

2. 페이지 테이블의 쓰기 권한을 제거했으므로, 게스트 운영체제가 페이지 테이블을 수정하려고 하면 쓰기 페이지 폴트가 발생한다. 하이퍼바이저는 해당 페이지 테이블을 Out-of-Sync로 표기하고 쓰기 권한을 부여한다.

3. 게스트 운영체제는 메모리 매핑을 완료하고, 페이지 폴트가 발생했던 주소부터 실행을 재개한다. 이때 아직 섀도 페이지 테이블과 게스트 페이지 테이블을 동기화하지 않은 상황이므로 또다시 페이지 폴트가 발생한다.

4. Xen 하이퍼바이저는 섀도 페이지 테이블과 게스트 페이지 테이블을 동기화하고 다시 쓰기 권한을 제거한다.

이처럼 요구 페이징에서는 한 번에 많은 페이지 테이블을 수정할 때 이점을 발휘하던 Out-of-Sync 방식이 오히려 독이 되어, 매번 Out-of-Sync와 동기화 과정이 반복해서 일어나면서 성능이 저하하는 요인이 되었다.

첫 번째 버전 섀도 페이지 테이블 구현의 문제점을 개선하려고, Xen은 Out-of-Sync 방식을 버리고 게스트 운영체제의 페이지 테이블 쓰기 연산이 발생할 때마다 에뮬레이션하는 방식을 채택했다. 이렇게 매번 쓰기 에뮬레이션을 하면, Out-of-Sync에서의 동기화 연산이 불필요하기 때문에 요구 페이징에서 개선된 성능을 보일 수 있었다.

그러나 두 번째 버전 역시 문제점이 있었다. 첫째, Out-of-Sync에서 한 번에 많은 페이지 테이블을 수정할 때 얻을 수 있었던 이점을 포기해야만 했다. 둘째, 윈도우와 같은 몇몇 운영체제에서 페이지 테이블의 트랜지션값transition value을 사용할 때 심각한 성능 저하가 발생했다. 윈도우는 페이지 테이블을 수정할 때 특수한 목적을 위해 페이지 테이블 엔트리가 사용하지 않는 비트에 특정 값을 써놓는다. 따라서 페이지 테이블 수정을 한 번 할 때 두 번의 쓰기가 발생했고, 에뮬레이션도 두 번 해야 하는 부담을 가졌다.

그런 연유로 Xen 개발자들은 다시 첫 번째의 Out-of-Sync 방식으로 되돌아갔다. 그러나 최초의 방식과는 다르게 단지 Level 1 페이지 테이블 전용 페이지에만 Out-of-Sync 방식을 도입했다. 그리고 Level 2, 3, 4 페이지 테이블 수정은 즉각 쓰기 연산 에뮬레이션을 통해 실행했다. 즉, Level 1 페이지 테이블의 Out-of-Sync를 통해 한 번에 많은 페이지 테이블 수정에 대한 성능 개선을 얻을 수 있었고, 윈도우와 같이 트랜지션값 때문에 발생하는 성능 저하도 방지할 수 있었다.

이와 더불어 동기화 연산에도 첫 번째 방법과는 다른 방법을 도입했다. 첫 번째 방법에서는 Out-of-Sync로 표기한 뒤, 다음번에 발생하는 페이지 폴트에서 동기화 연산을 실행했다. 그리고 이런 동기화 연산의 부담을 줄이려고, 페이지 폴트를 발생시킨 주소에 해당하는 페이지 테이블 엔트리만 동기화 연산을 하고, 그렇지 않은 다른 엔트리는 나중에 동기화 연산을 하는 lazy pull-through 방식을 도입했다.

6.5 HVM 환경의 페이지 폴트 처리 과정

섀도 페이지 테이블은 보통 게스트 운영체제를 수정할 수 없는 전가상화 도메인에서 사용한다. 왜냐하면 반가상화 도메인처럼 직접 게스트 운영체제를 수정할 수 있으면, 운영체제를 수정하는 것이 가장 성능상의 이점을 얻을 수 있기 때문이다. 그외 물리 주소 환경에서는 라이브 마이그레이션과 같은 특정 목적이 있을 때만 섀도 페이지 테이블을 잠시 사용한다. Xen은 전가상화 도메인을 지원하기 위해 HVM을 활용한다.

또한 HVM에서는 가상 머신을 실행하다가 페이지 폴트가 발생하면 VM exit가 발생하며, 하이퍼바이저가 제어권을 얻게 되고 VM exit 핸들러를 실행한다. 진짜 페이지 폴트라면 게스트 운영체제에 페이지 폴트를 전달해야 하기 때문이며, 이때 VM enter 과정에서 예외 주입Exception Injection으로 게스트 운영체제에 페이지 폴트를 전달한다(그림 6-7).

그림 6-7 HVM 페이지 폴트 처리 과정

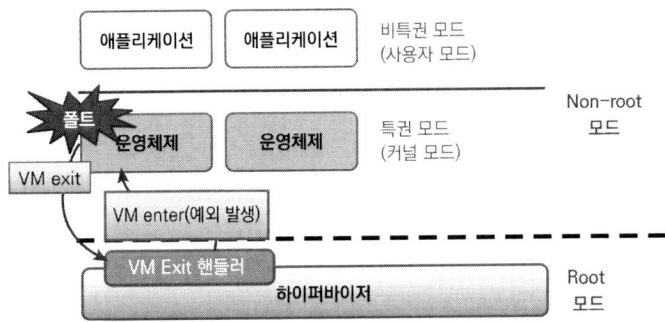

코드 6-1 인텔 VT-x 페이지 폴트 핸들링 1 〈($XEN)/xen/arch/x86/hvm/vmx/vmx.c〉

```
...
asmlinkage void vmx_vmexit_handler(struct cpu_user_regs *regs)
{
    unsigned int exit_reason, idtv_info, intr_info = 0, vector = 0;
    unsigned long exit_qualification, inst_len = 0;
    struct vcpu *v = current;

    ...

    switch(exit_reason)
    {
    case EXIT_REASON_EXCEPTION_NMI:
    {
```

```
if(unlikely(intr_info & INTR_INFO_NMI_UNBLOCKED_BY_IRET) &&
    !(idtv_info & INTR_INFO_VALID_MASK) &&
    (vector != TRAP_double_fault))
{
    __vmwrite(GUEST_INTERRUPTIBILITY_INFO,
        __vmread(GUEST_INTERRUPTIBILITY_INFO) | VMX_INTR_SHADOW_NMI);
}
perfc_incra(cause_vector, vector);
switch(vector)
{

    ...

case TRAP_page_fault: --- ❶
    exit_qualification = __vmread(EXIT_QUALIFICATION);
    regs->error_code = __vmread(VM_EXIT_INTR_ERROR_CODE);

    HVM_DBG_LOG(DBG_LEVEL_VMMU,
            "eax=%lx, ebx=%lx, ecx=%lx, edx=%lx, esi=%lx, edi=%lx",
            (unsigned long)regs->eax, (unsigned long)regs->ebx,
            (unsigned long)regs->ecx, (unsigned long)regs->edx,
            (unsigned long)regs->esi, (unsigned long)regs->edi);
    if(paging_fault(exit_qualification, regs)) --- ❶
    {
        if(trace_will_trace_event(TRC_SHADOW))
            break;
        if(hvm_long_mode_enabled(v))
            HVMTRACE_LONG_2D(PF_XEN, regs->error_code,
                            TRC_PAR_LONG(exit_qualification));
        else
            HVMTRACE_2D(PF_XEN, regs->error_code, exit_qualification);
        break;
    }
```

```
        // 게스트 운영체제에 페이지 폴트를 전달한다.
        v->arch.hvm_vcpu.guest_cr[2] = exit_qualification;
        vmx_inject_hw_exception(TRAP_page_fault, regs->error_code);
        break;

        ...
    }
    break;
}

    ...
    }
}

...
```

코드 6-2 인텔 VT-x 페이지 폴트 핸들링 2 〈($XEN)/xen/arch/x86/mm/shadow/multi.c〉

```
// Xen의 페이지 폴트 핸들러와 HVM 페이지 폴트 트랩 핸들러에서 호출된다.
// 가짜 페이지 폴트이면 1을 반환한다(그리고 게스트 운영체제는 재시도해야 한다).
// 아니면 0을 반환한다(진짜 페이지 폴트, 다른 곳에서 처리하거나 게스트 운영
// 체제로 전달한다).
static int sh_page_fault(struct vcpu *v, unsigned long va,
                        struct cpu_user_regs *regs)
{

    ...
}

...
```

코드 6-1과 코드 6-2는 Xen의 VM Exit 핸들러 소스 코드의 일부인데, VM Exit 가 발생한 이유가 TRAP_page_fault 때문이라면, paging_fault() 함수를 호출한 다(①). 또한 이 함수는 섀도 페이지 테이블을 사용한다면 sh_page_fault() 함수 를 호출하는데, sh_page_fault() 함수는 뒤에서 더 자세히 알아볼 것이므로 여기 서는 주석을 읽어 보도록 하자.

sh_page_fault() 함수가 1을 반환하면, 가짜 페이지 폴트고, 0을 반환하면 진 짜 페이지 폴트다. 0을 반환하면, if 문을 실행하지 않고, vmx_inject_hw_ exception() 함수를 통해서 VM Enter로 게스트 운영체제에 제어권을 넘기기 전 에 페이지 폴트를 게스트 운영체제에 전달하게끔 설정한다(②).

6.6 페이지 폴트 예외 처리

여기에서는 x86 아키텍처의 페이지 폴트 종류와 이를 운영체제 및 하이퍼바이저 가 어떻게 다루어야 하는지 설명한다. 이를 이해하면 하이퍼바이저가 어떻게 진짜 페이지 폴트와 가짜 페이지 폴트를 구별하는지 알 수 있을 것이다.

x86 아키텍처는 페이지 폴트가 발생한 원인을 운영 체제에 알려주려고 페이지 폴 트 에러 코드를 제공한다. 그림 6-8의 윗부분은 에러 코드를 나타내고, 총 다섯 개 의 비트로 운영체제에 페이지 폴트 에러 정보를 제공한다. 지금 우리가 지금 알아 야 할 것은 0, 1, 2의 비트에 해당하는 P, W/R, U/S다.

또한 이와 관련된 페이지 테이블 엔트리의 같은 위치에 세 개의 비트가 존재한다는 것도 알아두자. 따라서 현재 페이지 폴트의 원인이 페이지가 아직 할당되지 않았기 때문이라면 에러 코드의 P 비트가 0으로 설정된다. 페이지 폴트가 쓰기 연산 때문 에 발생했다면 에러 코드의 W/R이 1로 설정된다. 끝으로 사용자 프로세스 접근 시 도로 페이지 폴트가 발생했으면 U/S 비트가 1로 설정된다.

그림 6-8 페이지 폴트 에러 코드

31				4	3	2	1	0
예약됨				I/D	RSVD	U/S	R/W	P

P   0 존재하지 않는 페이지(non-present page) 때문에 폴트가 발생했다.
            1 페이지 레벨 보호 위반(page-level protection violatioin) 때문에 폴트가 발생했다.

W/R   0 읽기 시도로 폴트가 발생했다.
            1 쓰기 시도로 폴트가 발생했다.

U/S   0 관리자 모드(CPL < 3)으로 실행 중일 때 폴트가 발생했다.
            1 사용자 모드(CPL = 3)으로 실행 중일 때 폴트가 발생했다.

RSVD 0 폴트 발생 원인이 예약된 비트 위반(reserved bit violation)이 아니다.
            1 폴트 발생 원인이 예약된 비트를 1로 설정했기 때문이다.

I/D   0 명령어 추출 때문에 폴트가 발생하지 않았다.
            1 명령어 추출 때문에 폴트가 발생했다.

페이지 폴트 에러 코드

31		12	11	9	8	7	6	5	4	3	2	1	0
물리 페이지 기본 주소			AVL		G	PAT	D	A	PCD	PWT	U/S	R/W	P

페이지 테이블 엔트리

더 구체적으로 하이퍼바이저가 에러 코드를 어떻게 해석하는지 알아보자. 페이지 폴트가 발생했을 때 페이지 폴트 에러 코드의 P 비트가 0으로 설정되었다면, 존재하지 않는 페이지^non-present page 때문에 페이지 폴트가 발생했다고 볼 수 있다.

그런데 게스트 운영체제 페이지 테이블 엔트리의 P 비트가 1로 설정되었다면, 하이퍼바이저에 있는 섀도 페이지 테이블의 P 비트가 0으로 설정되었다는 의미다. 즉, 게스트 운영체제의 페이지 테이블 내용을 아직 섀도 페이지 테이블에 반영하지 못한 상황이라고 판단할 수 있다. 따라서 이것은 가짜 페이지 폴트며, 게스트 페이지 테이블의 P 비트 역시 0이었다면 진짜 페이지 폴트다.

더 살펴봐야 하는 한 가지 경우는 페이지 폴트 발생 시 에러 코드의 W/R 비트가 1로 설정되었을 때, 즉 쓰기 페이지 폴트가 발생했고 게스트 페이지 테이블을 살펴보니 R/W 비트가 1로 설정되어 쓰기가 가능하도록 설정된 때다. 그럼 이 쓰기 페이지 폴트는 하이퍼바이저가 임의로 페이지 폴트를 발생시킨 것이라고 볼 수 있으므로 가짜 페이지 폴트라고 해석할 수 있다.

이렇게 하이퍼바이저는 페이지 폴트의 에러 코드와 게스트 운영체제의 페이지 테이블을 적절히 조합해 페이지 폴트를 핸들링한다.

6.7 섀도 페이지 테이블의 페이지 폴트 핸들러 분석

다음 소스 코드를 살펴보자.

코드 6-3 섀도 페이지 테이블의 페이지 폴트 핸들러 〈($XEN)/xen/arch/x86/mm/shadow/multi.c〉

```
...
static int sh_page_fault(struct vcpu *v,
                         unsigned long va,
                         struct cpu_user_regs *regs)
{

    ...
rewalk:

    version = atomic_read(&d->arch.paging.shadow.gtable_dirty_version);
    rmb();
    rc = sh_walk_guest_tables(v, va, &gw, regs->error_code); --- ❶
```

```
#if(SHADOW_OPTIMIZATIONS & SHOPT_OUT_OF_SYNC)
    regs->error_code &= ~PFEC_page_present;
    if(!(rc & _PAGE_PRESENT))
        regs->error_code |= PFEC_page_present;
#endif

    if(rc != 0)
    {
        perfc_incr(shadow_fault_bail_real_fault);
        SHADOW_PRINTK("not a shadow fault\n");
        reset_early_unshadow(v);
        if((rc & _PAGE_INVALID_BITS))
            regs->error_code |= PFEC_reserved_bit;
        goto propagate;
    }

    ...
    // 어떤 접근 종류를 다뤄야 하는가?
    ft = ((regs->error_code & PFEC_write_access)
        ? ft_demand_write : ft_demand_read)

    // 접근을 시도하는 게스트 운영체제의 MFN은 무엇인가?
    gfn = guest_l1e_get_gfn(gw.l1e);
    gmfn = gfn_to_mfn_guest(p2m_get_hostp2m(d), gfn, &p2mt);

    ...
    shadow_prealloc(d,
                    SH_type_l1_shadow,
                    GUEST_PAGING_LEVELS < 4 ? 1 : GUEST_PAGING_LEVELS - 1);

    rc = gw_remove_write_accesses(v, va, &gw); --- ❷
```

```
    // 첫 번째 비트 설정: 페이지에 쓰기 권한은 제거된다.
    if(rc & GW_RMWR_FLUSHTLB)
    {
        perfc_incr(shadow_rm_write_flush_tlb);
        atomic_inc(&d->arch.paging.shadow.gtable_dirty_version);
        flush_tlb_mask(&d->domain_dirty_cpumask);
    }

    ...

    ptr_sl1e = shadow_get_and_create_l1e(v, &gw, &sl1mfn, ft);

    ...

    // 섀도 페이지 테이블 엔트리를 계산하고 기록한다.
    l1e_propagate_from_guest(v, gw.l1e, gmfn, &sl1e, ft, p2mt);
    r = shadow_set_l1e(v, ptr_sl1e, sl1e, p2mt, sl1mfn); --- ❸

    ...

    if(sh_mfn_is_a_page_table(gmfn)) --- ❹

#if(SHADOW_OPTIMIZATIONS & SHOPT_OUT_OF_SYNC)
        && !(mfn_is_out_of_sync(gmfn)
        && !(regs->error_code & PFEC_user_mode))
#endif
        )
    {
        if(ft == ft_demand_write)
        {
            perfc_incr(shadow_fault_emulate_write);
            goto emulate;
        }

        else if(shadow_mode_trap_reads(d) && ft == ft_demand_read)
```

6장 섀도 페이지 테이블

```
        perfc_incr(shadow_fault_emulate_write);
        goto emulate;
    }
}

// 디바이스 모델을 위한 MMIO는 이후 루틴을 거치지 않고
// 곧바로 MMIO로 분기한다.
if(p2mt == p2m_mmio_dm)
{
    gpa = guest_walk_to_gpa(&gw);
    goto mmio;
}

// 읽기 전용 메모리는 쓰기 시도를 무시한다.
if(p2m_is_readonly(p2mt) && (ft == ft_demand_write))
{
    static unsigned long lastpage;
    if(xchg(&lastpage, va & PAGE_MASK) != (va & PAGE_MASK))
        gdprintk(XENLOG_DEBUG, "guest attempted write to read-only memory"
                 "page. va page=%#lx, mfn=%#lx\n",
                 va & PAGE_MASK, mfn_x(gmfn));
    goto emulate_readonly;
}

// HVM 게스트에서는 항상 CR0.WP를 1로 설정한다.
// 그래서 페이지 테이블은 항상 쓰기 보호(Write-Protected) 상태다.
// 게스트가 CR0.WP를 0이라고 인식하면, 게스트가 읽기 전용 PTE를
// 작성할 수 있도록 쓰기 시도가 폴트되는 것을 에뮬레이션해야 한다.

if(is_hvm_domain(d)
    && unlikely(!hvm_wp_enabled(v))
    && regs->error_code == (PFEC_write_access|PFEC_page_present)
```

```
            && mfn_valid(gmfn))
    {
        perfc_incr(shadow_fault_emulate_wp);
        goto emulate;
    }

    ...

emulate: --- ❹
    if(!shadow_mode_refcounts(d) || !guest_mode(regs))
        goto not_a_shadow_fault;

    // 사용자 쓰기 동작은 에뮬레이션 하지 않는다.
    // 대신 해당 페이지가 더는 페이지 테이블이 아니라고 표기한다.
    // 이 동작은 네이티브와 다르지만 어떠한 운영체제에서도 사용자가 페이지
    // 테이블에 접근하도록 승인할 가능성은 매우 희박하다.
    if((regs->error_code & PFEC_user_mode))
    {
        SHADOW_PRINTK("user-mode fault to PT, unshadowing mfn %#lx\n",
                    mfn_x(gmfn));
        perfc_incr(shadow_fault_emulate_failed);
        sh_remove_shadows(v, gmfn, 0 /* thorough */, 1 /* must succeed */);
        trace_shadow_emulate_other(TRC_SHADOW_EMULATE_UNSHADOW_USER,
                                va, gfn);
        goto done;
    }

    ...

    emul_ops = shadow_init_emulation(&emul_ctxt, regs);

    r = x86_emulate(&emul_ctxt.ctxt, emul_ops); --- ❹

    ...
```

```
    trace_shadow_emulate(gw.l1e, va);
emulate_done:
    SHADOW_PRINTK("emulated\n");
    return EXCRET_fault_fixed;


mmio:

    ...

    return(handle_mmio_with_translation(va, gpa >> PAGE_SHIFT)
        ? EXCRET_fault_fixed : 0);

    ...

propagate: --- ❶
    trace_not_shadow_fault(gw.l1e, va);

    return 0;
}

    ...
```

먼저 페이지 폴트가 발생하면 페이지 폴트를 발생시킨 가상 주소에 대한 게스트 페이지 테이블을 워킹한다(①). '6.6 페이지 폴트 예외 처리'에서 페이지 폴트 에러 코드와 게스트 페이지 테이블 엔트리를 참조해, 진짜 페이지 폴트인지 가짜 페이지 폴트인지를 구분할 수 있다고 했다. 이외에도 다른 여러 목적 때문에 가장 먼저 게스트 페이지 테이블을 워킹하면서 정보를 추출한다. sh_walk_guest_tables() 함수가 0이 아닌 값을 반환하면 이는 진짜 페이지 폴트고, 게스트 운영체제에 페이지 폴트를 전달하려고 propagate 지점으로 분기한 뒤 바로 반환한다.

②는 게스트 페이지 테이블 전용 페이지의 쓰기 권한을 없앤다(앞서 Xen은 게스트 운영체제가 페이지 테이블에 쓰기 작업을 추적하려고 읽기 전용으로 만든다고 했었다). 여기서

GFN^{Guest Frame Number}은 게스트 운영체제가 생각하는 페이지 프레임 번호인 물리 페이지 프레임 번호가 되고, GMFN^{Guest Machine Frame Number}은 머신 페이지 프레임 번호가 된다.

③은 게스트 페이지 테이블^{GPT} 엔트리 내용을 가져와 적절히 섀도 페이지 테이블 엔트리에 맞게 변형한 뒤 섀도 페이지 테이블 엔트리에 작성하는 소스 코드다. 게스트 운영체제의 페이지 테이블 엔트리에는 PFN이 저장되어 있고, 섀도 페이지 테이블에는 MFN이 쓰여야 하기 때문에, 이를 적절히 변환한 뒤 섀도 페이지 테이블에 작성한다.

④는 현재 페이지 폴트가 발생한 주소가 페이지 테이블 전용 페이지였는지를 검사한다. 페이지 테이블 전용 페이지였다면 에뮬레이션해 게스트 운영체제가 실행하려 했던 연산을 그대로 실행한다.

코드 6-4 게스트 페이지 테이블 워킹 〈($XEN)/xen/arch/x86/mm/guest_walk.c〉

```
...
uint32_t
guest_walk_tables(struct vcpu *v, struct p2m_domain *p2m,
                  unsigned long va, walk_t *gw,
                  uint32_t pfec, mfn_t top_mfn, void *top_map)
{
    struct domain *d = v->domain;
    p2m_type_t p2mt;
    guest_l1e_t *l1p = NULL;
    guest_l2e_t *l2p = NULL;
#if GUEST_PAGING_LEVELS >= 4 // 64비트 전용
    guest_l3e_t *l3p = NULL;
    guest_l4e_t *l4p;
#endif
    uint32_t gflags, mflags, iflags, rc = 0;
```

```
int pse, smep;

perfc_incr(guest_walk);
memset(gw, 0, sizeof(*gw));

// 게스트 운영체제 가상 주소 설정
gw->va = va;

mflags = mandatory_flags(v, pfec);
iflags = (_PAGE_NX_BIT | _PAGE_INVALID_BITS);

…
// 최상위(L4) 페이지 테이블 머신 프레임 번호
gw->l4mfn = top_mfn;
l4p = (guest_l4e_t *) top_map;

// 레벨 4 페이지 테이블 엔트리를 가져옴
gw->l4e = l4p[guest_l4_table_offset(va)];

// 레벨 4 페이지 테이블 엔트리 플래그 확인
gflags = guest_l4e_get_flags(gw->l4e) ^ iflags;
rc |= ((gflags & mflags) ^ mflags);
if(rc & _PAGE_PRESENT)
    goto out;

…
// 레벨 3 페이지 테이블 엔트리를 가져옴
gw->l3e = l3p[guest_l3_table_offset(va)];

// 레벨 3 페이지 테이블 엔트리 플래그 확인
gflags = guest_l3e_get_flags(gw->l3e) ^ iflags;
rc |= ((gflags & mflags) ^ mflags);
```

```
    if(rc & _PAGE_PRESENT)
        goto out;
    ...
    gflags = guest_l2e_get_flags(gw->l2e) ^ iflags;
    rc |= ((gflags & mflags) ^ mflags);
    if(rc & _PAGE_PRESENT)
        goto out;

...
#endif

...
#endif

    ...
    // 레벨 2 페이지 테이블 엔트리를 가져옴
    gw->l2e = l2p[guest_l2_table_offset(va)];

    ...
    // 레벨 2 페이지 테이블 엔트리 플래그 체크
    gflags = guest_l2e_get_flags(gw->l2e) ^ iflags;
    rc |= ((gflags & mflags) ^ mflags);
    if(rc & _PAGE_PRESENT)
        goto out;

    ...
    // 슈퍼 페이지(1GB/2MB) 여부
    pse = (guest_supports_superpages(v) && (guest_l2e_get_flags(gw->l2e) &
        _PAGE_PSE));
    if(pse)
    {
        // 슈퍼 페이지는 레벨 1 페이지 테이블 엔트리를 가지지 않는다.
```

6장 섀도 페이지 테이블

```
    // (1GB = 2단계, 2MB = 3단계 페이징을 한다.)
    // 슈퍼 페이지의 처음 4KB 공간에 레벨 1 페이지 테이블을 생성한다.

    ...

}
else  // 일반 페이지(4KB)
{
    // 레벨 1 페이지 테이블을 가져온다.
    l1p = map_domain_gfn(p2m, guest_l2e_get_gfn(gw->l2e),
                         &gw->l1mfn, &p2mt, &rc);
    if(l1p == NULL)
        goto out;

    // 레벨 1 페이지 테이블 엔트리를 가져옴
    gw->l1e = l1p[guest_l1_table_offset(va)];

    // 레벨 1 페이지 테이블 엔트리 플래그 체크
    gflags = guest_l1e_get_flags(gw->l1e) ^ iflags;
    rc |= ((gflags & mflags) ^ mflags);
}

// SMEP(Supervisor Mode Execution Protection)면 사용자 모드 필요조건을
// 다시 뒤집는다.
// SMEP는 커널 모드에서 사용자 모드 코드 실행을 방지하는 것이다.
if(smep)
    rc ^= _PAGE_USER;

if(rc == 0)
{
    // Access와 Dirty 비트 설정
    if(set_ad_bits(l4p + guest_l4_table_offset(va), &gw->l4e, 0))
        paging_mark_dirty(d, mfn_x(gw->l4mfn));
```

```
        if(set_ad_bits(l3p + guest_l3_table_offset(va), &gw->l3e, 0))
            paging_mark_dirty(d, mfn_x(gw->l3mfn));
        if(set_ad_bits(l2p + guest_l2_table_offset(va), &gw->l2e,
            (pse && (pfec & PFEC_write_access))))
            paging_mark_dirty(d, mfn_x(gw->l2mfn));
        if(!pse) {
            if(set_ad_bits(l1p + guest_l1_table_offset(va), &gw->l1e,
                (pfec & PFEC_write_access)))
                paging_mark_dirty(d, mfn_x(gw->l1mfn));
        }
    }

out:
#if GUEST_PAGING_LEVELS == 4
    if(l3p)
        unmap_domain_page(l3p);
#endif
#if GUEST_PAGING_LEVELS >= 3
    if(l2p)
        unmap_domain_page(l2p);
#endif
    if(l1p)
        unmap_domain_page(l1p);

    return rc;
}

...
```

코드 6-4의 guest_walk_tables() 함수는 게스트 페이지 테이블 엔트리의 정보를
추출해서 진짜 페이지 폴트인지 가짜 페이지 폴트인지를 판별하고, 실제로 하드웨

어 MMU가 페이지 테이블 워킹하는 과정을 그대로 에뮬레이션한다. MMU는 섀도 페이지 테이블을 참조하고 실제 게스트 운영체제의 페이지 테이블은 참조하지 않는다. 그래서 게스트 페이지 테이블을 마치 MMU가 실제 워킹하는 것과 똑같이 흉내 내야 한다.

특히 Access, Dirty[05] 비트는 MMU가 설정하는 부분인데, 이 비트를 게스트 페이지 테이블에 반영해 주지 않으면 게스트 운영체제가 오동작할 수 있다. 또한 게스트 페이지 테이블은 Level 4, 3, 2, 1 순으로 MMU가 워킹하듯이 순회하고 결과를 walk_t 자료 구조에 저장한다. 마지막으로 set_ad_bits() 함수를 통해서 게스트 페이지 테이블 엔트리의 Acess, Dirty 비트를 적절히 설정해 준다.

실제로 이 책에서 소개한 소스 코드는 필자가 중요하다고 생각하는 부분만을 발췌해 수록했으므로 설명을 생략한 부분도 있다. 전체 소스 코드를 일일이 해석할 수 없음을 양해 바란다. 하지만 이 책에 있는 내용을 이해했다면, 소스 코드의 세부적인 부분을 분석하는 데는 문제가 없을 것이다.

6.8 다양한 섀도 페이지 테이블 최적화 방법

다음 소스 코드를 살펴보자.

코드 6-5 섀도 페이지 테이블 최적화 〈($XEN)/xen/arch/x86/mm/shadow/private.h〉

```
...
//최적화 레벨
#define SHOPT_WRITABLE_HEURISTIC  0x01  // 선형 매핑한 RW PTE의 게스트
                                        // 운영체제
#define SHOPT_EARLY_UNSHADOW      0x02  // fork 또는 exit에서 L1 엔트리
                                        // 섀도를 하지 않음
```

---

05 운영체제는 페이지 테이블 엔트리의 Access 비트로 해당 페이지의 접근 빈도를 추정하고, Dirty 비트로 디스크 블록과 페이지 내용 사이의 일관성이 없어졌음을 알아낸다.

```
#define SHOPT_FAST_FAULT_PATH        0x04  // Fast-path MMIO와 not-present
#define SHOPT_PREFETCH               0x08  // 폴트마다 다수 엔트리 섀도
#define SHOPT_LINUX_L3_TOPLEVEL      0x10  // 이전 64비트 리눅스의 L3 엔트리들
                                           // 고정
#define SHOPT_SKIP_VERIFY            0x20  // 안전한 실행일 때 PTE 확인 생략
#define SHOPT_VIRTUAL_TLB            0x40  // 게스트 가상 → 물리 주소 변환 캐시
#define SHOPT_FAST_EMULATION         0x80  // 빠른 쓰기 에뮬레이션
#define SHOPT_OUT_OF_SYNC            0x100 // L1 페이지 테이블에 게스트
                                           // 운영체제 쓰기 허용

#define SHADOW_OPTIMIZATIONS         0x1ff

...
```

Xen은 섀도 페이지 테이블의 성능 향상을 위해 다양한 최적화 기법을 사용한다. 실제로 많은 최적화 코드 때문에 섀도 페이지 테이블의 소스 코드는 상당히 복잡하다. 이 책에서 섀도 페이지 테이블 최적화에 관한 모든 내용을 담을 수는 없으므로 SHOPT_WRITABLE_HEURISTIC만 자세히 알아보고 나머지 최적화 레벨은 독자의 몫으로 남겨둔다.

게스트 페이지 테이블의 쓰기 권한을 제거하려면 게스트 페이지 테이블을 저장한 물리 메모리 페이지를 매핑하는 가상 주소의 섀도 페이지 테이블 엔트리를 찾아야 한다. 복잡하게 들릴 수도 있을 것이다. 하지만 차근차근 생각해보면 이해할 수 있다. 페이지 테이블 역시 메모리의 일부분이다. 그러므로 페이지 테이블을 수정한다는 것은 해당 메모리에 쓰기 연산을 하는 것과 같다. 또한 가상 메모리 환경에서 메모리에 쓰기 연산을 하는 것은 해당 물리 메모리 주소를 매핑하는 가상 주소에 쓰기 연산을 하는 것이다. 즉, 이때 사용하는 섀도 페이지 테이블 엔트리의 R/W 비트를 0으로 만들어야 한다.

Xen은 게스트 페이지 테이블 전용 페이지의 정보를 알고 있다. 즉, 앞서 여러 번 설명했던 것처럼 CR3 변경이나 페이지 폴트 시 게스트 페이지 테이블을 워킹하면서 게스트 페이지 테이블의 물리 메모리 페이지 정보를 유지해 둔다. 하지만 게스트 페이지 테이블의 물리 메모리 주소를 매핑하는 섀도 페이지 테이블 엔트리 정보는 알 수가 없다. 다시 말하면 특정 페이지를 매핑하는 섀도 페이지 테이블 엔트리에 대한 역매핑reverse mapping 정보가 없다는 뜻이다. 그래서 특정 페이지를 매핑하는 섀도 페이지 테이블 엔트리를 찾아내려면, 현재 게스트 운영체제에 속한 모든 섀도 페이지 테이블 엔트리를 확인해야 한다. 이는 매우 부하가 많이 걸리는 연산이므로 엄청난 성능 저하를 가져온다. 차라리 역매핑을 유지하는 게 더 현명한 선택일지도 모른다.

Xen은 이런 문제를 해결하려고 SHOPT_WRITABLE_HEURISTIC이라는 최적화를 실행한다. 이는 게스트 운영체제가 페이지 테이블이 저장된 물리 메모리 주소를 어떻게 매핑하는지에 대한 정보를 휴리스틱heuristic 방법으로 추정한다. 예를 들면 리눅스 커널은 선형 매핑Linear mapping을 유지하는데, 이는 가상 주소와 물리 주소 사이의 변환을 1:1 선형 매핑하는 것이다.

실제로 32비트 리눅스 커널은 가상 주소 0xC0000000에 물리 주소 0x00000000을 선형으로 매핑한다. 리눅스 외에도 운영체제 커널 대부분은 물리 메모리 주소 매핑 방식으로 선형 매핑을 사용한다. 그리고 이런 선형 매핑은 운영체제별로 잘 알려졌으므로(리눅스 커널은 32비트 0xC0000000, 64비트 0xFFFF880000000000에 매핑한다) 이 점을 이용하면 페이지 테이블 전용 페이지의 가상 주소를 쉽게 얻을 수 있다. 또한 가상 주소를 안다면 해당 가상 주소의 섀도 페이지 테이블 엔트리를 쉽게 찾을 수 있다. 결국 게스트의 페이지 테이블이 저장된 물리 메모리 주소의 섀도 페이지 테이블 엔트리를 한 번에 찾을 수 있게 된다. 물론 이는 어디까지나 추정이므로, 찾아내지 못한다면 모든 섀도 페이지 테이블 엔트리를 확인해야 한다.

```
...

int sh_remove_write_access(struct vcpu *v, mfn_t gmfn,
                           unsigned int level,
                           unsigned long fault_addr)
{

    ...

#if SHADOW_OPTIMIZATIONS & SHOPT_WRITABLE_HEURISTIC
    if(v == current)
    {
        unsigned long gfn;
        // 휴리스틱: 게스트 운영체제의 선형 맵에서 쓰기 가능한 현재 페이지
        // 테이블 매핑이다.

#define GUESS(_a, _h) do {                                              \
        if(v->arch.paging.mode->shadow.guess_wrmap(v, (_a), gmfn))      \
            perfc_incr(shadow_writeable_h_ ## _h);                      \
        if((pg->u.inuse.type_info & PGT_count_mask) == 0)               \
        {                                                               \
            TRACE_SHADOW_PATH_FLAG(TRCE_SFLAG_WRMAP_GUESS_FOUND);       \
            return 1;                                                   \
        }                                                               \
    } while(0)

    if(v->arch.paging.mode->guest_levels == 2)
    {
        if(level == 1)

            // 32비트 non-PAE w2k2: 0xC0000000 선형 맵
            GUESS(0xC0000000UL + (fault_addr >> 10), 1);
```

```
        // 리눅스 lowmen: 물리 메모리 하위 896MB 영역은 0xC0000000에 1대1로
        // 매핑되어 있다.
        if((gfn = mfn_to_gfn(v->domain, gmfn)) < 0x38000)
            GUESS(0xC0000000UL + (gfn << PAGE_SHIFT), 4); --- ❶


        // FreeBSD: 0xBFC00000 선형 맵
        if(level == 1)
            GUESS(0xBFC00000UL
                + ((fault_addr & VADDR_MASK) >> 10), 6);
    }

    ...

#if CONFIG_PAGING_LEVELS >= 4
    else if(v->arch.paging.mode->guest_levels == 4)
    {
        // 64비트 w2k3: 0xfffff6800000000 선형 맵
        switch(level)
        {
        case 1: GUESS(0xfffff68000000000UL
                    + ((fault_addr & VADDR_MASK) >> 9), 3); break;
        case 2: GUESS(0xfffff6fb40000000UL
                    + ((fault_addr & VADDR_MASK) >> 18), 3); break;
        case 3: GUESS(0xfffff6fb7da00000UL
                    + ((fault_addr & VADDR_MASK) >> 27), 3); break;
        }

        // 64비트 리눅스 커널은 0xffff88000000000에 물리 메모리
        // 0번지부터 1:1 매핑한다
        // 예전 커널은 0xffff81000000000와 0x0000010000000000에
        // 매핑되었다.
        gfn = mfn_to_gfn(v->domain, gmfn);
        GUESS(0xffff880000000000UL + (gfn << PAGE_SHIFT), 4); --- ❶
```

```
        GUESS(0xffff810000000000UL + (gfn << PAGE_SHIFT), 4);
        GUESS(0x0000010000000000UL + (gfn << PAGE_SHIFT), 4);


        // kpm_vbase에 있는 64비트 솔라리스 커널 페이지 맵;
        // 0xfffffe0000000000UL
        GUESS(0xfffffe0000000000UL + (gfn << PAGE_SHIFT), 4);

        ...

    }
#endif /* CONFIG_PAGING_LEVELS >= 4 */


#undef GUESS
    }


    ...

}


...
```

코드 6-7 SHOPT_WRITABLE_HEURISTIC 2 ⟨($XEN)/xen/arch/x86/mm/shadow/multi.c⟩

```
    ...

#if SHADOW_OPTIMIZATIONS & SHOPT_WRITABLE_HEURISTIC
static int sh_guess_wrmap(struct vcpu *v, unsigned long vaddr, mfn_t gmfn)
// 현재 섀도 페이지 테이블에서 vaddr을 찾고 GMFN이 쓰기 가능한 매핑인지
// 확인한다. 동작을 완료하면 1을 반환한다.
{
    shadow_l1e_t sl1e, *sl1p;
    shadow_l2e_t *sl2p;
    shadow_l3e_t *sl3p;
#if SHADOW_PAGING_LEVELS >= 4
    shadow_l4e_t *sl4p;
```

```
#endif
    mfn_t sl1mfn;
    int r;

#if SHADOW_PAGING_LEVELS >= 4

    // 레벨 4 섀도 페이지 테이블 엔트리를 가져온다.
    sl4p = sh_linear_l4_table(v) + shadow_l4_linear_offset(vaddr);
    if(!(shadow_l4e_get_flags(*sl4p) & _PAGE_PRESENT))
        return 0;

    // 레벨 3 섀도 페이지 테이블 엔트리를 가져온다.
    sl3p = sh_linear_l3_table(v) + shadow_l3_linear_offset(vaddr);
    if(!(shadow_l3e_get_flags(*sl3p) & _PAGE_PRESENT))
        return 0;
#else /* SHADOW_PAGING_LEVELS == 3 */

    // 레벨 3 섀도 페이지 테이블 엔트리를 가져온다.
    sl3p = ((shadow_l3e_t *) v->arch.paging.shadow.l3table)
        + shadow_l3_linear_offset(vaddr);
    if(!(shadow_l3e_get_flags(*sl3p) & _PAGE_PRESENT))
        return 0;
#endif

    // 레벨 2 섀도 페이지 테이블 엔트리를 가져온다.
    sl2p = sh_linear_l2_table(v) + shadow_l2_linear_offset(vaddr);
    if(!(shadow_l2e_get_flags(*sl2p) & _PAGE_PRESENT))
        return 0;

    // 레벨 1 섀도 페이지 테이블 엔트리를 가져온다.
    sl1p = sh_linear_l1_table(v) + shadow_l1_linear_offset(vaddr);
    sl1e = *sl1p;
```

```
        if(((shadow_l1e_get_flags(sl1e) & (_PAGE_PRESENT|_PAGE_RW))
            != (_PAGE_PRESENT|_PAGE_RW))
           || (mfn_x(shadow_l1e_get_mfn(sl1e)) != mfn_x(gmfn)))
            return 0;

        // 찾았다! 쓰기 권한을 제거한다.
        sl1mfn = shadow_l2e_get_mfn(*sl2p);
        sl1e = shadow_l1e_remove_flags(sl1e, _PAGE_RW);
        r = shadow_set_l1e(v, sl1p, sl1e, p2m_ram_rw, sl1mfn);
        if(r & SHADOW_SET_ERROR) {
            return 0;
        }
        TRACE_SHADOW_PATH_FLAG(TRCE_SFLAG_WRMAP_GUESS_FOUND);
        return 1;
    }
    #endif

    ...
```

---

sh_remove_write_access() 함수는 페이지 번호를 받아 해당 페이지를 매핑하는 섀도 페이지 테이블 엔트리의 쓰기 권한을 제거하는 함수다. GUESS() 매크로로는 페이지를 매핑 중인 섀도 페이지 테이블 엔트리를 추측하는 매크로다. 즉, 인자로 추정하는 가상 주소와 페이지 번호를 받아서 sh_guess_wrmap() 함수를 호출하고, sh_guess_wrmap() 함수는 가상 주소에 해당하는 섀도 페이지 테이블 엔트리를 찾아 엔트리에 저장된 머신 주소와 페이지 번호를 비교해 맞게 찾았는지를 확인한다.

①은 32/64비트 리눅스에서 섀도 페이지 테이블 엔트리를 추측하는 소스 코드다. 32비트 리눅스 커널에서는 0xC0000000에 단순히 찾으려는 페이지의 페이

지 프레임 번호Page Frame Number만큼 주소를 더해주면 해당 페이지를 매핑하는 가상 주소라고 추측할 수 있다.

예를 들어 페이지 테이블 전용 페이지 번호가 1번 페이지였다면 추측할 수 있는 가상 주소는 0xC0001000가 될 것이다. 이때 sh_guess_wrmap() 함수로 가상 주소 0xC0001000에 해당하는 섀도 페이지 테이블 엔트리를 찾은 뒤, 섀도 페이지 테이블 엔트리의 주소 변환 정보에 페이지 번호 1번이 쓰여있다면 맞게 찾은 것이고, 해당 섀도 페이지 테이블 엔트리의 쓰기 권한을 제거한다.

7 | 하드웨어 지원 페이징

여러 가지 최적화 기법을 도입하더라도 섀도 페이지 테이블은 많은 오버헤드를 가진다. 우선 정상적인 프로그램에서 가상 주소 변환 과정은 매우 빈번히 일어난다. 따라서 섀도 페이지 테이블을 사용하면 페이지 폴트 예외가 매우 자주 발생한다. 또한 이때마다 하이퍼바이저가 복잡한 처리 과정을 직접 핸들링해줘야 하므로 심각한 성능 저하가 발생할 수 있다.

AMD의 발표로는 섀도 페이지 테이블의 오버헤드는 가상화 시스템 전체 오버헤드의 75%에 이를 정도로 매우 크다.[01] 이 문제를 해결하고자 AMD는 2007년에 출시한 옵테론Opteron [02] 프로세서에서 처음으로 중첩 페이지 테이블Nested Page Table,NPT이라는 이름의 하드웨어 페이지 테이블 가상화를 선보였다. 인텔은 AMD보다 늦은 2009년 제온Xeon [03] 프로세서를 출시하면서 NPT와 유사한 확장 페이지 테이블 Extended Page Table, EPT이라는 기술을 지원하기 시작했다.

NPT와 EPT 외에도 AMD와 인텔에서 사용하는 하드웨어 가상화 기술의 명칭은 조금씩 다르다. 하지만 내부 동작은 거의 비슷하므로 구현 방법 하나를 이해한다면 다른 구현도 쉽게 이해할 수 있을 것이다. 이 책에서는 대부분 인텔에서 채택한 용어를 사용했지만, 메모리 관련 부분만큼은 EPT보다 NPT라는 용어를 널리 사용하는 만큼, 7장은 AMD에서 사용하는 용어와 제품을 기준으로 설명한다. 이를 혼동하지 않기 바란다.

---

01 AMD-V™ Nested Paging White Paper
02 코드명 바르셀로나(Barcelona), http://en.wikipedia.org/wiki/AMD_K10
03 코드명 네할렘(Nehalem), http://ko.wikipedia.org/wiki/네할렘_마이크로아키텍처

7.1 페이지 테이블 구조

그림 7-1은 64비트 롱Long 모드의 페이지 테이블 구조를 나타낸다. 더 넓은 범위
의 주소를 지원하려고 단계만 늘었을 뿐, 기본 동작은 32비트 보호 모드의 페이지
테이블 구조와 같다.

그림 2-2에서 소개한 페이지 테이블 구조와 비교하면 PML4TPage Map Level 4 Table
과 PDPTPage Directory Point Table 두 개가 추가되었다. 그림 7-1이 의미하는 바가 잘
이해되지 않으면 '2.1 가상 메모리'를 다시 읽어보기 바란다.

그림 7-1 롱 모드의 4KB 페이지 테이블 구조

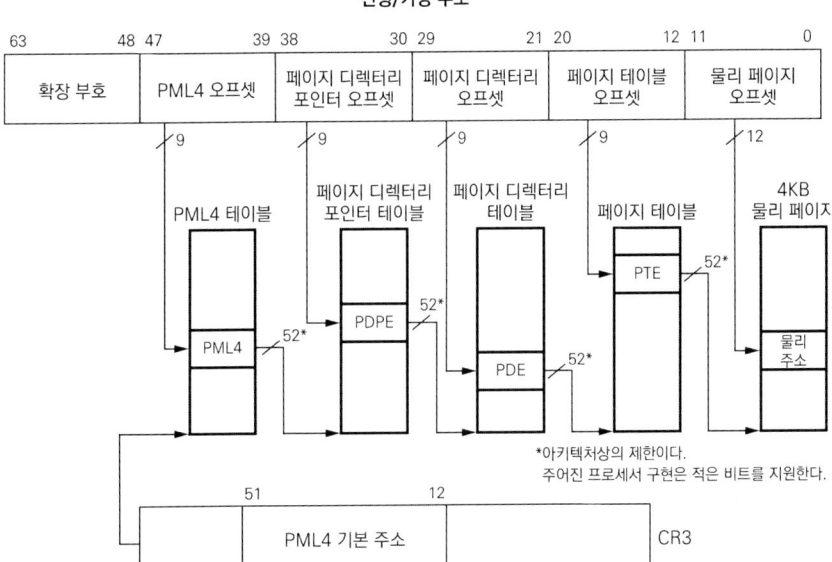

롱 모드는 가상 주소를 물리 주소로 변환하는 과정 중 총 네 번 메모리에 접근한다. 네 번 접근하는 각각의 이유는 다음과 같다.

1. CPU에서 CR3 레지스터에 설정된 PLM4T에 접근하기 위해
2. PLM4 엔트리에 쓰인 물리 주소의 PDPT에 접근하기 위해서
3. PDP 엔트리에 쓰인 물리 주소의 PDT^{Page Directory Table}에 접근하기 위해서
4. PD 엔트리에 쓰인 물리 주소의 PT^{Page Table}에 접근하기 위해서

페이지 테이블은 운영체제가 유지하는 자료 구조며 메모리상에 존재한다. 따라서 하드웨어 MMU가 주소 변환을 하려고 페이지 테이블에 접근하기 위해서는 메모리에 접근해야 한다.

또한 한 번의 주소 변환에 네 번씩 메모리에 접근하는 것은 매우 비효율적이기 때문에, 이를 개선하려고 메모리 주소 변환을 위한 캐시 메모리^{TLB}가 존재한다는 사실은 이미 설명했다.

NPT는 여기에 한 단계의 페이징 구조를 추가한 것이다. 즉, 페이지 테이블 구조가 두 단계로 중첩^{Nested}되어 있다. 게스트 운영체제와 하이퍼바이저는 각각의 페이지 테이블(gPT, nPT)과 페이지 테이블 주소를 가리키는 CR3 레지스터(gCR3, nCR3)를 가지며, gPT는 가상 주소를 물리 주소로, nPT는 물리 주소를 머신 주소로 변환하기 위해서 사용한다.

그럼 좀 더 자세하게 NPT의 페이지 테이블 구조를 살펴보자.

그림 7-2 PML4T를 위한 NPT 주소 변환 과정

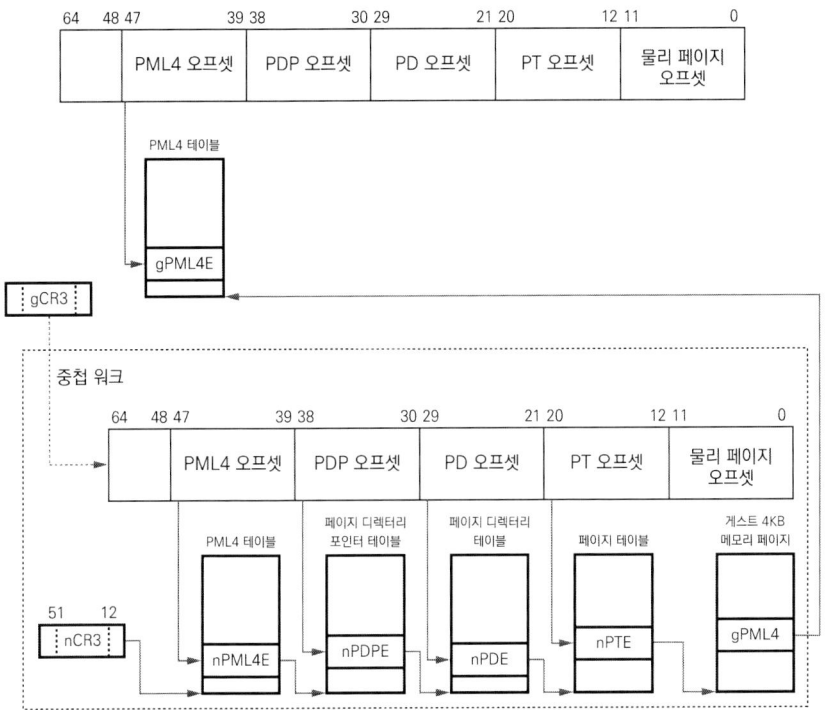

그림 7-2는 게스트 운영체제가 첫 번째 페이지 테이블인 PML4T를 얻는 과정이다. 게스트 운영체제는 PML4T 시작 주소를 얻으려고 gCR3 레지스터에 쓰여있는 물리 주소를 참조한다. 하지만 가상화 환경에서 물리 주소는 실제 물리 메모리의 주소가 아니므로 머신 주소를 알아야 한다. gCR3에 쓰여있는 물리 주소를 머신 주소로 변환하는 데 NPT를 사용한다. NPT 주소 변환은 nCR3를 참조해 nPML4T → nPDPT → nPDT → nPT를 거쳐 최종 물리 주소로 변환한다. 즉, gCR3에 쓰여있는 물리 주소를 참고해 PML4T를 찾아내는 것이다. 이 과정을 반복해서 실행하고(PML4T → PDPT → PDT → PT) 마지막으로 PT 엔트리에 있는 물리 주소가 NPT 주소 변환을 실행하면, 게스트 운영체제가 접근하려는 가상 주소에 해당하는 최종

머신 주소에 접근한다. 그림 7-3은 모든 과정을 함축적으로 나타내며, 중첩 워크 Nested walk로 표현된 부분은 그림 7-2의 NPT 주소 변환 과정이 포함되어 있다.

그림 7-3 NPT 페이지 테이블 구조[04]

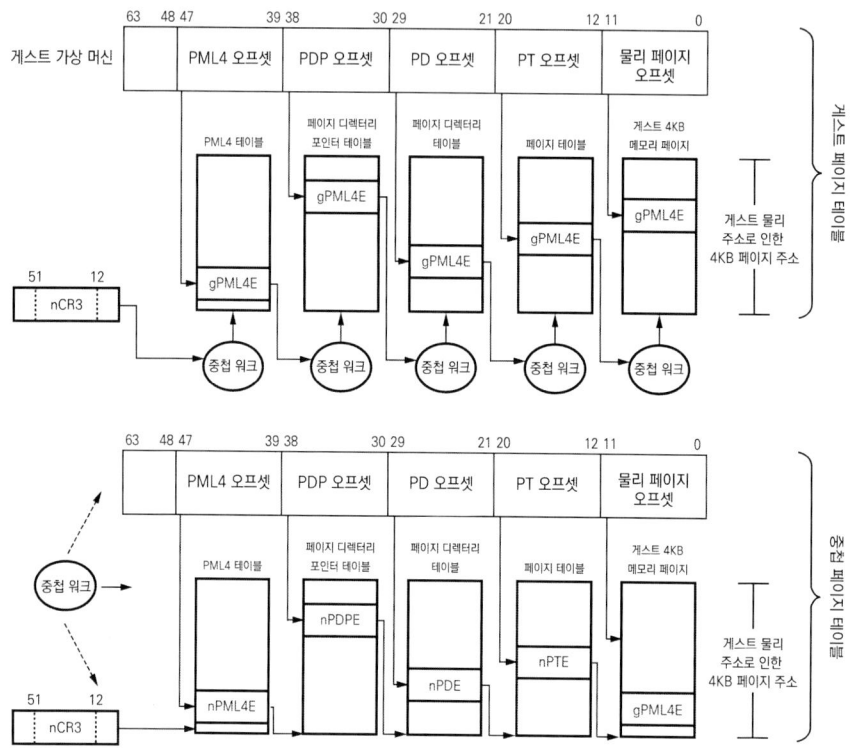

7.2 NPT 구축

여기에서는 하이퍼바이저 관점에서 어떻게 NPT를 사용할지를 살펴보자. 일단 NPT를 사용하면 게스트 운영체제당 NPT 하나가 필요하다. 즉, 모든 게스트 운영

---

04 AMD-V™ Nested Paging 19페이지 Figure 4

체제는 독립적인 물리 주소 공간이 필요하고, 이를 위해 NPT 하나가 필요하다. 이는 운영체제가 독립적인 프로세스의 가상 주소 공간을 확보하려고 프로세스당 페이지 테이블 하나를 유지하는 것과 같은 맥락이다.

처음에 가상 머신을 생성할 때, 하이퍼바이저는 해당 가상 머신이 요청한 메모리를 할당한다. 예를 들어 1GB의 가상 머신을 생성하려고 하이버파이저는 메모리 풀에서 1GB만큼의 메모리를 할당한 뒤, 해당 메모리를 가상 머신에게 부여한다. 1GB의 메모리를 요청한 가상 머신은 물리 주소 0번지에서 1GB 번지까지의 물리 주소 공간을 할당받으며, 0번지에서 1GB 번지까지의 물리 주소 공간에 대한 NPT를 구축해 각 테이블 엔트리를 채워주면 된다. 뒤에 가상 머신이 물리 주소 공간에 접근하면 자동으로 NPT 주소 변환 과정으로 머신 주소가 생성되고 실제 메모리 접근이 발생한다.

이렇게 NPT를 이용하면, 직접 페이징이나 섀도 페이지 테이블과 같이 메모리를 가상화하는 데 복잡한 작업을 할 필요가 없어진다. 처음에 가상 머신을 생성할 때 NPT만 구축하면 더는 추가로 해야 할 일이 없기 때문이다.[05]

7.3 NPT 주소 변환 오버헤드

NPT는 성능상의 이점과 섀도 페이지 테이블이나 직접 페이징에서 요구하는 복잡한 처리가 필요없는 구현의 간소화 등 많은 이점이 있다. 하지만 TLB miss가 발생했을 때 중첩 페이지 테이블 워킹 과정에서 오버헤드가 발생하는 단점도 존재한다.

TLB miss가 발생해 가상 주소에서 머신 주소로 변환 작업을 하는 때를 생각해보자. 그림 7-3에서 보듯이 최악의 경우 중첩 워크 과정이 다섯 번이나 일어난다. 즉, 기존 페이지 테이블 구조에서 다섯 번의 메모리 접근(CR3 → PML4T → PDPT → PT →

---

05 물론 PoD(Populate on Demand) 혹은 메모리 공유(Memory Sharing), Ballooning와 같은 부가적인 기능을 사용할 때는 NPT 변경이 필요할 수도 있다.

메모리)으로 데이터를 가져올 수 있었던 작업이 최대 25번(5X5)으로 메모리 접근 횟수가 늘어난다. 이런 주소 변환 단계가 늘어난 만큼 TLB의 중요성은 더욱 커졌다. 따라서 TLB miss를 줄이기 위해서 두 가지 방법이 제시되었다. 첫 번째는 NPT 페이지 크기를 조절해서 줄이는 방법이고, 두 번째는 ASID[06]라 불리는 TLB 태깅 tagging으로 줄이는 방법이다.

우선 AMD CPU를 사용하는 머신에서는 페이지 크기를 4KB, 2MB, 1GB로 설정할 수가 있는데, 페이지의 크기를 크게 할수록 NPT 엔트리의 개수는 급속도로 줄어들 것이고, 적은 TLB 엔트리로도 TLB miss의 발생을 최소화할 수 있다. 예를 들어 2GB 메모리를 가진 가상 머신을 생성한다고 하면, NPT 페이지 크기가 2MB일 때 필요한 NPT 엔트리의 개수는 1,024개지만, NPT 페이지 크기가 1GB일 경우 필요한 NPT 엔트리의 개수는 두 개면 된다. 가상 머신은 한 번에 많은 양의 메모리를 관리하므로 굳이 4KB 단위 페이지로 작게 나누어서 관리할 필요가 없다. 따라서 페이지를 크게 설정해 TLB miss를 최대한으로 줄일 수 있다.

보통 어떤 PCPU에서 동작하는 VCPU를 변경할 때마다(다른 VCPU로 스케줄링할 때마다), 해당 PCPU의 모든 TLB를 플러시 해주어야 한다. 왜냐하면 현재 TLB에는 이전 VCPU가 사용했던 주소 공간을 변환한 정보가 담겨있기 때문이다. 이런 비효율적인 면을 개선하려고 ASID라는 개념이 등장[07]했으며, TLB마다 고유 식별자를 태깅할 수 있게 했다.

예를 들어 특정 가상 머신의 VCPU에 10번이라는 식별 번호를 할당하면, 해당 VCPU가 동작하면서 채워진 TLB 엔트리에는 10번이라는 고유 번호를 함께 할당한다. 그리고 TLB hit과 miss를 판별할 때 VCPU에 할당한 고유 ID와 TLB 엔트

---

06 AMD에서는 Address Space Identifier(ASID)라고 하며, 인텔에서는 Virtual Processor Identifier(VPID)라고 한다.

07 사실 이 개념은 과거에 CPU 하나에서 프로세스 다수 사이의 독립된 TLB를 구현하기 위해 제안되었다.

리에 할당한 고유 ID가 같아야만 TLB hit이라고 판별한다. 즉, ASID로 TLB 하나 안에서 서로 다른 주소 공간을 구분할 수 있다. 이는 특정 시점에 여러 가상 머신에 TLB 엔트리가 공존할 수 있게 되고, VCPU 스케줄링이 일어날 때마다 TLB 전체를 플러시 해야만 하는 비효율성을 없앤다.

7.4 hap_enable() 함수

NPT 페이지 테이블을 구축하는 소스 코드를 살펴보자. 처음에 도메인을 생성할 때, NPT 전체를 구축하므로 hap_enable() 함수를 분석하는 것은 전체적인 NPT 구현 방식을 살펴보는 데 큰 도움이 된다. 앞서 소개한 P2M과 NPT는 밀접한 관련이 있기 때문에, 이 부분의 소스 코드를 살펴보기 전 P2M 관련 부분을 반드시 알아두기 바란다.

코드 7-1 가상 머신 생성 시의 NPT 초기화 1 〈($XEN)/xen/arch/x86/mm/paging.c〉

```
...
int paging_enable(struct domain *d, u32 mode)
{
    if(hap_enabled(d))
        return hap_enable(d, mode | PG_HAP_enable); --- ❶
    else
        return shadow_enable(d, mode | PG_SH_enable);
}

...
```

코드 7-2 가상 머신 생성 시의 NPT 초기화 2 〈($XEN)/xen/arch/x86/mm/hap/hap.c〉

```
...
int hap_enable(struct domain *d, u32 mode)
{
```

```
    unsigned int old_pages;
    int rv = 0;

    domain_pause(d);

    ...

    if(mode & PG_translate)
    {
        rv = p2m_alloc_table(p2m_get_hostp2m(d)); --- ❷
        if(rv != 0)
            goto out;
    }

    ...

out:
    domain_unpause(d);
    return rv;
}

...
```

코드 7-3 가상 머신 생성 시의 NPT 초기화 3 ⟨($XEN)/xen/arch/x86/mm/p2m.c⟩

```
    ...
    static
    int p2m_set_entry(struct p2m_domain *p2m, unsigned long gfn, mfn_t mfn,
                      unsigned int page_order, p2m_type_t p2mt,
                      p2m_access_t p2ma)
    {

        ...

        if(page_order == 18) --- ❻
```

```
{
    l1_pgentry_t old_entry = l1e_empty();
    p2m_entry = p2m_find_entry(table, &gfn_remainder, gfn,
                               L3_PAGETABLE_SHIFT - PAGE_SHIFT,
                               L3_PAGETABLE_ENTRIES);

    ...

    l3e_content = mfn_valid(mfn)
        ? l3e_from_pfn(mfn_x(mfn),
                       p2m_type_to_flags(p2mt, mfn) | _PAGE_PSE)
        : l3e_empty();
    entry_content.l1 = l3e_content.l3;
    paging_write_p2m_entry(p2m->domain, gfn, p2m_entry,
                           table_mfn, entry_content, 3); --- ❼
    ...
}

else if(!p2m_next_level(p2m, &table_mfn, &table, &gfn_remainder, gfn,
                        L3_PAGETABLE_SHIFT - PAGE_SHIFT,
                        ((CONFIG_PAGING_LEVELS == 3)
                         ? (hap_enabled(p2m->domain) ? 4 : 8)
                         : L3_PAGETABLE_ENTRIES),
                        PGT_l2_page_table)) --- ❻
    goto out;

if(page_order == 0) --- ❻
{
    if(!p2m_next_level(p2m, &table_mfn, &table, &gfn_remainder, gfn,
                       L2_PAGETABLE_SHIFT - PAGE_SHIFT,
                       L2_PAGETABLE_ENTRIES, PGT_l1_page_table)) --- ❻
        goto out;
```

```
        p2m_entry = p2m_find_entry(table, &gfn_remainder, gfn,
                                0, L1_PAGETABLE_ENTRIES);


        ASSERT(p2m_entry);


        if(mfn_valid(mfn) || (p2mt == p2m_mmio_direct))
            entry_content = l1e_from_pfn(mfn_x(mfn),
                                    p2m_type_to_flags(p2mt, mfn));
        else
            entry_content = l1e_empty();


        paging_write_p2m_entry(p2m->domain, gfn, p2m_entry,
                            table_mfn, entry_content, 1); --- ❼
    }


    else if(page_order == 9) --- ❻
    {
        l1_pgentry_t old_entry = l1e_empty();
        p2m_entry = p2m_find_entry(table, &gfn_remainder, gfn,
                                L2_PAGETABLE_SHIFT - PAGE_SHIFT,
                                L2_PAGETABLE_ENTRIES);


        ...

        ASSERT(!mfn_valid(mfn) || p2mt != p2m_mmio_direct);
        if(mfn_valid(mfn) || p2m_is_magic(p2mt))
            l2e_content = l2e_from_pfn(mfn_x(mfn),
                                    p2m_type_to_flags(p2mt, mfn) |
                                    _PAGE_PSE);
        else
            l2e_content = l2e_empty();


        entry_content.l1 = l2e_content.l2;
```

```
        paging_write_p2m_entry(p2m->domain, gfn, p2m_entry,
                            table_mfn, entry_content, 2); --- ❼
        …
    }

    …
out:
    unmap_domain_page(table);
    return rv;
}

…
static
int set_p2m_entry(struct p2m_domain *p2m, unsigned long gfn, mfn_t mfn,
                unsigned int page_order, p2m_type_t p2mt,
                p2m_access_t p2ma)
{
    struct domain *d = p2m->domain;
    unsigned long todo = 1ul << page_order;
    unsigned int order;
    int rc = 1;

    while(todo)
    {
        if(hap_enabled(d))
            order = ((((gfn | mfn_x(mfn) | todo) & ((1ul << 18) - 1)) == 0) &&
                    hvm_hap_has_1gb(d) && opt_hap_1gb) ? 18 :
                    ((((gfn | mfn_x(mfn) | todo) & ((1ul << 9) - 1)) == 0) &&
                    hvm_hap_has_2mb(d) && opt_hap_2mb) ? 9 : 0; --- ❹
        else
            order = 0;
```

```
        if(!p2m->set_entry(p2m, gfn, mfn, order, p2mt, p2ma)) --- ❺
            rc = 0;
        gfn += 1ul << order;
        if(mfn_x(mfn) != INVALID_MFN)
            mfn = _mfn(mfn_x(mfn) + (1ul << order));
        todo -= 1ul << order;
    }

    return rc;
}

...

int p2m_alloc_table(struct p2m_domain *p2m)
{
    mfn_t mfn = _mfn(INVALID_MFN);
    struct page_info *page, *p2m_top;
    unsigned int page_count = 0;
    unsigned long gfn = -1UL;
    struct domain *d = p2m->domain;

    ...

    p2m->phys_table = pagetable_from_mfn(page_to_mfn(p2m_top));

    ...

    // page_list와 M2P에서 모든 기존 매핑을 복사한다.
    spin_lock(&p2m->domain->page_alloc_lock);
    page_list_for_each(page, &p2m->domain->page_list) --- ❸
    {
        mfn = page_to_mfn(page);
        gfn = get_gpfn_from_mfn(mfn_x(mfn));

        // 페이지는 이전에 공유하지 않아야 한다.
```

```
        ASSERT(gfn != SHARED_M2P_ENTRY);
        page_count++;
        if(
#ifdef __x86_64__
        (gfn != 0x5555555555555555L)
#else
        (gfn != 0x55555555L)
#endif
        && gfn != INVALID_M2P_ENTRY
        && !set_p2m_entry(p2m, gfn, mfn, 0, p2m_ram_rw,
                        p2m->default_access)) --- ❸
        goto error_unlock;
    }
    spin_unlock(&p2m->domain->page_alloc_lock);

    P2M_PRINTK("p2m table initialised (%u pages)\n", page_count);
    p2m_unlock(p2m);
    return 0;

    ...
}

...
```

코드 7-4 가상 머신 생성 시의 NPT 초기화 4 〈($XEN)/xen/include/asm-x86/paging.h〉

```
...

static inline void paging_write_p2m_entry(struct domain *d, unsigned long gfn,
                                l1_pgentry_t *p, mfn_t table_mfn,
                                l1_pgentry_t new,
                                unsigned int level)
```

```
{
    struct vcpu *v = current;
    if(v->domain != d)
        v = d->vcpu ? d->vcpu[0] : NULL;
    if(likely(v && paging_mode_enabled(d) && v->arch.paging.mode != NULL))
    {
        return v->arch.paging.mode->write_p2m_entry(v, gfn, p, table_mfn,
                                            new, level); --- ❽
    }
    else
        safe_write_pte(p, new);
}

...
```

코드 7-5 가상 머신 생성 시의 NPT 초기화 5 〈($XEN)/xen/arch/x86/mm/hap/hap.c〉

```
...
static void
hap_write_p2m_entry(struct vcpu *v, unsigned long gfn, l1_pgentry_t *p,
                    mfn_t table_mfn, l1_pgentry_t new, unsigned int level)
{
    uint32_t old_flags;

    hap_lock(v->domain);

    old_flags = l1e_get_flags(*p);
    safe_write_pte(p, new);
    if((old_flags & _PAGE_PRESENT)
        && (level == 1 || (level == 2 && (old_flags & _PAGE_PSE))))
            flush_tlb_mask(&v->domain->domain_dirty_cpumask); --- ❾
```

```
        ...
        hap_unlock(v->domain);
    }

    ...
    static const struct paging_mode hap_paging_long_mode = {
        .page_fault          = hap_page_fault,
        .invlpg              = hap_invlpg,
        .gva_to_gfn          = hap_gva_to_gfn_4_levels,
        .update_cr3          = hap_update_cr3,
        .update_paging_modes = hap_update_paging_modes,
        .write_p2m_entry     = hap_write_p2m_entry,
        .guest_levels        = 4
    };
```

코드 7-1~코드 7-5는 Xen 하이퍼바이저가 가상 머신을 생성할 때 NPT를 구축하는 부분이다. 함수를 호출하는 순서로 소스 코드를 배열했으므로 천천히 순서대로 살펴보도록 하자.

가장 먼저 paging_enable() 함수는 가상 머신을 생성할 때 페이징 관련 초기화를 하려고 실행한다. ①의 hap_enabled(d)로 가상 머신 HAP^{hardware assisted paging}를 사용해서 가상 머신을 생성할 것인지를 확인한다. 사용자가 가상 머신 설정 파일에 'hap=1'이라고 설정하면, hap_enabled(d)는 1을 반환하고 hap_enable() 함수를 호출할 것이다.

②에서는 p2m_alloc_table() 함수를 호출하며 P2M 테이블을 구축한다(NPT일 때는 NPT를 위해 메모리를 할당하고 초기화하는 작업을 한다).

③에서는 page_list_for_each() 매크로를 통해 게스트 도메인에 할당한 모든 페이지를 순회하면서, set_p2m_entry() 함수를 호출한다. set_p2m_entry() 함수

는 P2M 엔트리에 물리 주소에서 머신 주소로 변환한 정보를 저장한다(NPT일 때는 해당하는 물리 주소에 대한 NPT 엔트리에 머신 주소 변환 정보를 저장한다). 이 부분을 거치면, 처음에 가상 머신에게 할당한 모든 페이지에 NPT를 구축한다. 그 후에 게스트 운영체제가 접근하는 물리 주소는 자동으로 머신 주소로 변환된다.

④에서는 NPT 페이지 크기를 알아낸다. '7.3 NPT 주소 변환 오버헤드'에서 NPT 페이지 크기에 따라 성능에 많은 영향을 끼친다고 설명했다. order는 2의 지수를 의미하며, NPT 페이지 크기가 1GB면 order 변수가 18이 되고, NPT 페이지 크기가 2MB면 9가 된다.

⑤에서는 p2m->set_entry()를 호출하며, 결국 p2m_set_entry() 함수를 호출한다.

⑥은 페이지 크기에 따라서 적절하게 분기한다. P2M 테이블(혹은 NPT)은 페이지 크기에 따라 페이징 단계의 수가 정해진다. 예를 들어 page_order가 18이라면 페이지 크기가 1GB고 주소 변환에 두 단계 페이지 테이블이 필요하다. 필요한 페이지 테이블 단계가 하나씩 늘어날 때마다 p2m_next_level() 함수를 호출한다. page_order가 9라면(페이지 크기가 2MB) 세 단계의 페이지 테이블이, page_order가 0이면(페이지 크기가 4KB) 총 네 단계의 페이지 테이블이 필요하다.

⑦에서는 paging_write_p2m_entry() 함수로 P2M 엔트리에 값을 저장한다. 이 함수는 ⑧의 코드를 실행하고, 이는 결국 hap_write_p2m_entry() 함수를 호출한다. 첨부한 소스 코드에서 함수 호출 과정을 잘 살펴보자.

⑨에서는 safe_write_pte() 함수로 실제 NPT 엔트리에 값을 저장하고 이전에 쓰여있던 값을 확인한다. 현재 메모리를 할당해 매핑했다면(_PAGE_PRESENT) TLB를 플러시 한다. TLB 때문에 이전의 변환 정보를 계속 사용하는 일을 방지하기 위함이다.

7.5 ASID

앞에서 간략히 설명했지만, ASID^{Address Space Identifier}는 TLB에 가상 머신마다 고유 식별자로 태깅을 설정해, VCPU 스케줄링 시 TLB 전체를 플러시 하는 비효율성을 없애는 것이다. Xen은 PCPU마다 ASID를 각각 관리하고, PCPU에 스케줄링한 VCPU에 1번부터 차례대로 ASID를 할당한다. 할당한 ASID를 VMCS/VMCB[08]의 HVM 자료 구조에 설정하면, ASID가 적용되어 TLB가 동작한다. 그럼 소스 코드를 통해 자세한 구현 방식을 살펴보자.

코드 7-6 ASID 초기화 및 할당 1 〈($XEN)/xen/arch/x86/hvm/asid.c〉

```
...
struct hvm_asid_data {
    u64 core_asid_generation;
    u32 next_asid;
    u32 max_asid;
    bool_t disabled;
};

static DEFINE_PER_CPU(struct hvm_asid_data, hvm_asid_data); --- ❶

void hvm_asid_init(int nasids)
{
    static s8 g_disabled = -1;
    struct hvm_asid_data *data = &this_cpu(hvm_asid_data);

    data->max_asid = nasids - 1; --- ❷
    data->disabled = (nasids <= 1); --- ❷

    if(g_disabled != data->disabled)
```

---

08   인텔은 VMCS, AMD는 VMCB라고 한다.

```
    {
        printk("HVM: ASIDs %sabled.\n", data->disabled ? "dis" : "en");
        if(g_disabled < 0)
            g_disabled = data->disabled;
    }

    data->core_asid_generation = 1; --- ❷

    data->next_asid = 1; --- ❷
}

void hvm_asid_flush_vcpu(struct vcpu *v) --- ❹
{
    v->arch.hvm_vcpu.asid_generation = 0;
}

...

bool_t hvm_asid_handle_vmenter(void)
{
    struct vcpu *curr = current;
    struct hvm_asid_data *data = &this_cpu(hvm_asid_data);

    if(data->disabled)
        goto disabled;

    if(curr->arch.hvm_vcpu.asid_generation == data->core_asid_generation)
        return 0; --- ❸

    if(unlikely(data->next_asid > data->max_asid))
    {
        hvm_asid_flush_core();
        data->next_asid = 1;
        if(data->disabled)
```

```
        goto disabled;
    }

    curr->arch.hvm_vcpu.asid = data->next_asid++; --- ❸
    curr->arch.hvm_vcpu.asid_generation = data->core_asid_generation; --- ❸

    return (curr->arch.hvm_vcpu.asid == 1);

disabled:
    curr->arch.hvm_vcpu.asid = 0;
    return 0;
}
```

코드 7-7 ASID 초기화 및 할당 2 〈($XEN)/xen/arch/x86/hvm/svm/asid.c〉

```
...
asmlinkage void svm_asid_handle_vmrun(void) --- ❺
{
    struct vcpu *curr = current;
    struct vmcb_struct *vmcb = curr->arch.hvm_svm.vmcb;
    bool_t need_flush = hvm_asid_handle_vmenter();--- ❺
    if(curr->arch.hvm_vcpu.asid == 0)
    {
        vmcb_set_guest_asid(vmcb, 1);
        vmcb->tlb_control = 1;
        return;
    }
    vmcb_set_guest_asid(vmcb, curr->arch.hvm_vcpu.asid); --- ❺
    vmcb->tlb_control = need_flush;
}

...
```

```
...

static void svm_update_guest_cr(struct vcpu *v, unsigned int cr)
{
    struct vmcb_struct *vmcb = v->arch.hvm_svm.vmcb;
    uint64_t value;

    switch(cr)
    {
    case 0: {
        unsigned long hw_cr0_mask = 0;

        if(!(v->arch.hvm_vcpu.guest_cr[0] & X86_CR0_TS))
        {
            if(v != current)
                hw_cr0_mask |= X86_CR0_TS;
            else if(vmcb_get_cr0(vmcb) & X86_CR0_TS)
                svm_fpu_enter(v);
        }

        value = v->arch.hvm_vcpu.guest_cr[0] | hw_cr0_mask;
        if(!paging_mode_hap(v->domain))
            value |= X86_CR0_PG | X86_CR0_WP;
        vmcb_set_cr0(vmcb, value);
        break;
    }
    case 2:
        vmcb_set_cr2(vmcb, v->arch.hvm_vcpu.guest_cr[2]);
        break;
    case 3:
        vmcb->cr3 = v->arch.hvm_vcpu.hw_cr[3];
        hvm_asid_flush_vcpu(v); --- ❻
```

```
        break;
default:
        BUG();
    }
}

...

static void svm_do_resume(struct vcpu *v)
{
    struct vmcb_struct *vmcb = v->arch.hvm_svm.vmcb;
    bool_t debug_state = v->domain->debugger_attached;
    vintr_t intr;

    if(unlikely(v->arch.hvm_vcpu.debug_state_latch != debug_state))
    {
        uint32_t intercepts = vmcb_get_exception_intercepts(vmcb);
        uint32_t mask = (1U << TRAP_debug) | (1U << TRAP_int3);
        v->arch.hvm_vcpu.debug_state_latch = debug_state;
        vmcb_set_exception_intercepts(
            vmcb, debug_state ? (intercepts | mask) : (intercepts & ~mask));
    }

    if(v->arch.hvm_svm.launch_core != smp_processor_id()) --- ❼
    {
        v->arch.hvm_svm.launch_core = smp_processor_id();
        hvm_migrate_timers(v);
        hvm_migrate_pirqs(v);
        hvm_asid_flush_vcpu(v); --- ❼
    }

    // 하드웨어 vtpr에 vlapic의 TPR을 반영한다.
    intr = vmcb_get_vintr(vmcb);
```

```
intr.fields.tpr =
    (vlapic_get_reg(vcpu_vlapic(v), APIC_TASKPRI) & 0xFF) >> 4;
vmcb_set_vintr(vmcb, intr);

hvm_do_resume(v);
reset_stack_and_jump(svm_asm_do_resume);
}

...
```

코드 7-6의 hvm_asid_init() 함수는 각 CPU의 ASID 관련 구조체를 초기화하는 루틴이다. PCPU가 깨어날 때(부팅 또는 대기 모드에서 복귀할 때 등) svm_cpu_up()와 hvm_asid_init() 함수를 호출한다.

①은 struct hvm_asid_data를 PCPU마다 선언하고, ②는 hvm_asid_init() 함수에서 구조체의 변수들을 초기화한다. max_asid는 현재 TLB에 태깅할 수 있는 ASID의 최대값을 의미하며, ASID는 0~65535번까지 사용할 수 있다. Xen은 ASID를 1번부터 차례로 할당하고 65535번 이상이면, core_asid_generation이 1 증가하며 다시 1번부터 차례로 할당한다. asid가 0이라는 의미는 ASID를 사용하지 않겠다는 의미다.

③은 VCPU에게 ASID를 할당하는 루틴이다. hvm_asid_handle_vmenter() 함수에서 1부터 하나씩 증가하면서 VCPU에게 ASID를 할당하는데(data->next_asid++;), VCPU가 같은 PCPU에서 계속 동작했다면 예전에 부여받은 ASID를 그대로 사용할 것이고(③의 if문), 이전에 다른 PCPU에서 동작했거나 새롭게 활성화된 VCPU라면 새로운 ASID를 부여받을 것이다(이전에 ④를 어딘가 호출해 asid_generation 변수값이 0으로 변경되었을 것이다).

⑤에서는 할당된 ASID를 VMCB 자료 구조에 반영해야 하고, 이를 실행하는 함

수가 svm_asid_handle_vmrun()다. 이 함수는 VMENTER/VMRUN[09] 발생 시 ASID를 갱신하려고 호출하는 함수다. 앞서 설명한 hvm_asid_handle_vmenter() 함수로 동작하려고 할 VCPU에 ASID를 할당하고, vmcb_set_guest_asid() 함수로 ASID를 VMCB 자료 구조에 설정한다.

게스트 운영체제가 CR3 레지스터값을 변경한다고 생각해보자. 이는 게스트 운영체제가 프로세스 컨텍스트 스위치를 시도하는 동작이다. 따라서 새로운 프로세스의 주소 공간으로 변경해야 한다.

이때 ⑥으로 VCPU에게 새로운 ASID를 부여한다(앞서 살펴봤듯이 asid_generation을 0으로 만들어 새롭게 asid를 부여한다). 이전에 부여받던 ASID로 태깅된 TLB 엔트리는 사용하지 않으면 점차 무효화되어 모두 사라지며, 새롭게 부여받은 ASID로 태깅된 TLB 엔트리들로 채워질 것이다. 이와 마찬가지로 VCPU가 다른 PCPU로 옮겨져서 실행되는 때를 생각해보자. 이때 역시 옮겨질 PCPU에서 새로운 ASID를 VCPU에 부여해야 한다.

⑦에서는 VCPU가 다른 PCPU로 옮겨질 때, VCPU에 새로운 ASID를 부여한다.

---

09 VMENTER/VMRUN은 인텔과 AMD의 용어 차이일 뿐 같은 뜻이다. 여기서는 AMD를 기준으로 설명한다.

그림 7-4 asid와 asid_generation

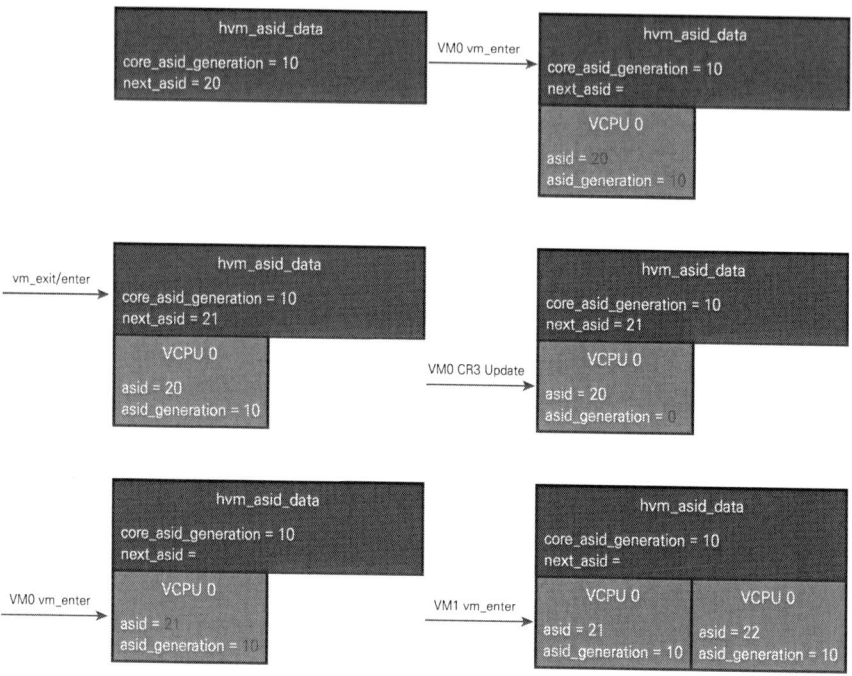

그림 7-4는 PCPU 하나에서 스케줄링하는 VCPU들의 asid와 asid_generation
의 변경 사항을 그림으로 나타낸 것이다. 현재 PCPU의 next_asid는 20으로 설정
되어 있다. 그런데 VCPU 0을 새롭게 스케줄링해 asid에 20을 할당하고 PCPU의
next_asid는 21로 설정한다. VCPU 0은 VMEXIT과 VMENTER를 반복하면서
계속 asid가 20인 상태로 실행을 지속한다.

뒤에 게스트 운영체제가 프로세스 컨텍스트 스위치를 실행해 CR3 레지스터를 변
경하려고 하면, VCPU 0의 asid_generation은 0으로 변경되어 이전의 TLB 엔트
리들을 무효화하도록 한다. 그리고 asid를 21로 새롭게 할당하고, VCPU 0은 실행
을 계속한다. Xen 하이퍼바이저에서 VCPU 스케줄링이 일어나 VCPU 1을 실행

하면 VCPU 1의 asid에 22를 할당한다. 최종적으로 PCPU의 next_asid는 23이 되고, 현재 이 PCPU에는 총 두 개의 독립적인 TLB 공간이 있으며, ASID는 각각 21과 22가 된다.